山西省高等学校人文社会科学重点研究基地项目（编号：2014326）
山西省软科学基金项目（编号：2017041007-1）
山西师范大学财务管理优势专业建设项目（编号：2016YSZY-08）

基于制造企业服务化绩效影响机理的服务化策略研究

JiYu ZhiZao QiYe FuWuHua JiXiao
YingXiang JiLi De FuWuHua CeLue YanJiu

高文军◎著

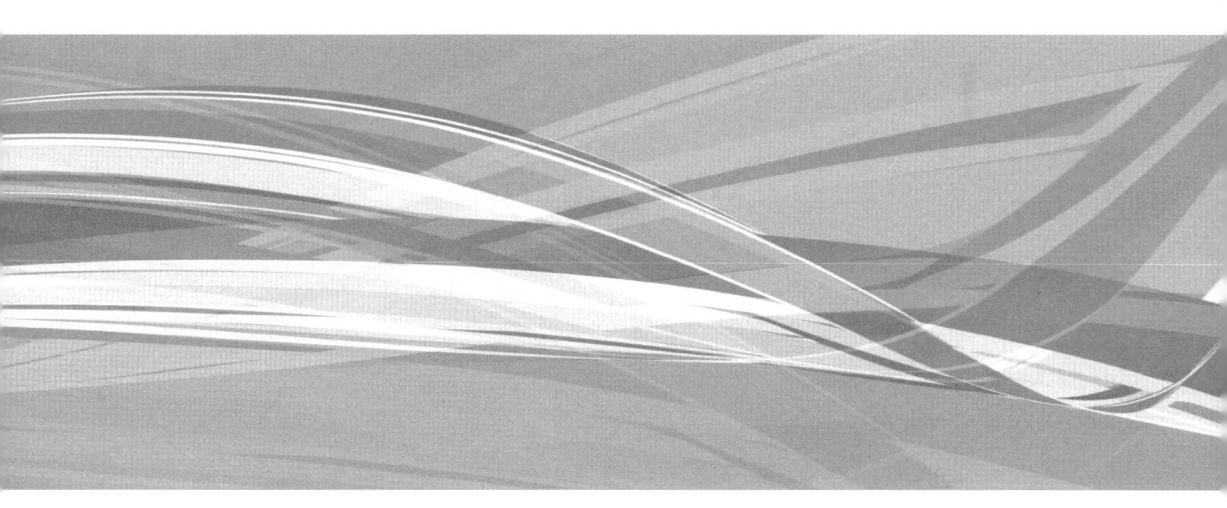

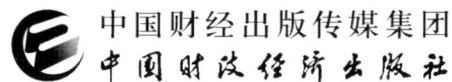

图书在版编目（CIP）数据

基于制造企业服务化绩效影响机理的服务化策略研究／高文军著．
—北京：中国财政经济出版社，2017.12
ISBN 978－7－5095－7870－4

Ⅰ．①基⋯　Ⅱ．①高⋯　Ⅲ．①制造工业－服务经济－研究
Ⅳ．①F407.4

中国版本图书馆 CIP 数据核字（2017）第 284106 号

责任编辑：彭　波　段　钢　　　责任印制：杨　军
责任美编：孙俪铭　　　　　　　　责任校对：刘　靖

中国财政经济出版社 出版

URL：http://www.cfeph.cn
E－mail：cfeph@cfeph.cn

（版权所有　翻印必究）

社址：北京市海淀区阜成路甲 28 号　邮政编码：100142
营销中心电话：010－88191537　北京财经书店电话：64033436　84041336
北京财经印刷厂印装　各地新华书店经销
710×1000 毫米　16 开　11.25 印张　210 000 字
2017 年 12 月第 1 版　2017 年 12 月北京第 1 次印刷
定价：58.00 元
ISBN 978－7－5095－7870－4
（图书出现印装问题，本社负责调换）
本社质量投诉电话：010－88190744
打击盗版举报热线：010－88191661、QQ：2242791300

前　言

改革开放以后，我国制造业依托人口红利和政府各项政策积极参与国际分工，取得了举世瞩目的成绩，逐步成为世界制造业大国。但制造业整体上大而不强，价值创造能力与发达国家相比差距悬殊。近年来，随着人口红利的逐步消失、土地等成本的上升、同质化产品竞争的加剧和客户需求个性化程度的提升，我国制造企业在国际上处于更加被动的地位。

服务化是制造企业由提供有形产品向提供"产品+服务"转变的过程，是企业通过集成内外资源满足客户多样化和个性化需求的过程，是业务由制造领域向服务领域延伸的过程。服务化已经成为制造企业挖掘新的利润来源和取得差异化竞争优势的重要途径。世界各国都非常重视推动制造企业的服务化转型发展。如欧盟资助旨在研究产品服务系统理论基础与开发方法的 MEPSS 项目；美国推行"基于服务的制造"（service-based manufacturing）；日本推行"服务导向型制造"（service-oriented manufacturing）；澳大利亚推行"服务增强型制造"（service-enhanced manufacturing）；我国国务院颁布的《装备制造业调整和振兴规划》指出要通过转变产业发展方式,进行产业调整升级,逐步实现由"生产型制造"向"服务型制造"的转变。

制造企业服务化必须以客户为中心,加强客户的参与程度,精准了解客户的真实需求,发展与服务化相适应的组织文化,增加组织结构柔性,提升企业服务化战略实施与实施所需要条件的匹配程度,结合制造与服务活动多渠道提升服务创新能力,为客户提供具有最优价值感知的"产品＋服务",从而最终提升企业的服务化绩效。对制造企业而言,尽可能客观地评价服务化绩效,理清组织结构柔性、组织文化适应性、战略匹配一致性、客户参与度、服务创新能力、客户感知价值等之间以及它们与服务化绩效之间的关系对其服务化转型发展至关重要。对政府而言,制定什么样的扶持政策以降低制造企业服务化发展的风险是一个重要的课题。

值得注意的是,目前对制造企业服务化的研究具有四个特点:一是对服务化的本质理解趋同;二是对驱动力的研究基本形成共识;三是认为应充分考虑服务的特性从多个方面对服务化绩效进行测度;四是认为政府干预应通过不断完善财税、土地、金融等政策来促进制造企业服务化的发展。这些研究丰富了制造企业服务化的相关理论,但也存在一些不足:如制造企业服务化绩效评价研究仅是在传统绩效评价指标体系中增加了服务投入、服务产出及服务投入产出比率等指标,未能对服务化绩效评价指标体系进行系统研究;制造企业服务化绩效影响因素研究仅是给出相关影响因素,并未揭开因素作用于服务化绩效的影响机理"黑箱";相对缺乏基于服务化绩效影响机理的制造企业服务化策略研究。这些

前　言

不足在一定程度上会延迟制造企业服务化理论的发展。

因此，本书的主要工作是将理论和实践相结合构建制造企业服务化绩效评价指标体系；识别制造企业服务化绩效影响因素；揭开制造企业服务化绩效影响机理"黑箱"；基于制造企业服务化机理从企业和政府两个视角给出促进制造企业服务化绩效提升的策略。

本书的出版得到了山西省高等学校人文社会科学重点研究基地项目（编号：2014326）、山西省软科学基金项目（编号：2017041007-1）及山西师范大学财务管理优势专业建设项目（编号：2016YSZY-08）的资助，在此表示感谢。

由于笔者水平有限，谬误和不妥之处在所难免，敬请学术界同仁和读者给予批评指正，本人将不胜感激。

高文军

2017年10月于临汾

目 录

第1章 绪论 ·· 1

  1.1 研究背景 ·· 2
    1.1.1 现实背景 ·· 2
    1.1.2 理论背景 ·· 4
  1.2 研究目的和意义 ·· 6
    1.2.1 研究目的 ·· 6
    1.2.2 研究意义 ·· 7
  1.3 制造企业服务化研究综述 ·· 8
    1.3.1 服务化概念与驱动力 ·· 8
    1.3.2 服务化模式与路径 ·· 10
    1.3.3 服务化绩效 ·· 12
    1.3.4 服务化政府干预 ·· 13
    1.3.5 文献述评与启示 ·· 14
  1.4 研究内容及拟解决的关键问题 ·· 16
    1.4.1 研究内容 ·· 16
    1.4.2 拟解决的关键问题 ·· 17
  1.5 研究方法与技术路线 ·· 18
    1.5.1 研究方法 ·· 18
    1.5.2 技术路线 ·· 20

第 2 章　理论基础 ·· 21

2.1　价值链理论 ··· 22
2.2　权变管理理论 ·· 23
2.3　资源基础观 ··· 24
2.4　客户需求理论 ·· 26
2.5　制造企业服务化的服务创新模型 ····················· 28
2.6　政府干预理论 ·· 31

第 3 章　制造企业服务化绩效评价指标体系研究 ········ 33

3.1　基于 BSC 的制造企业服务化绩效评价指标体系设计与量表开发 ············ 34
3.1.1　制造企业服务化绩效评价指标选取原则 ··· 34
3.1.2　基于平衡计分卡的服务化绩效指标设计 ······ 34
3.1.3　制造企业服务化绩效评价的量表开发 ······ 36

3.2　基于 AHP 的制造企业服务化绩效评价指标权重分配 ············ 43
3.2.1　层次分析法的基本步骤 ······························ 43
3.2.2　层次结构模型的建立 ································· 43
3.2.3　两两比较判断矩阵的构建和计算 ··············· 44
3.2.4　一致性检验和评价指标权重的确认 ············ 46
3.2.5　基于 AHP 的制造企业服务化绩效综合得分 ····· 47

3.3　基于 SEM 的制造企业服务化绩效评价指标权重分配 ············ 48
3.3.1　结构方程模型的分析原理 ························· 48
3.3.2　制造企业服务化绩效评价结构方程模型的构建 ······ 49

3.3.3　评价指标得分系数的确认 ·················· 51
　　　3.3.4　基于 SEM 的制造企业服务化
　　　　　　 绩效综合得分 ······························ 53
　3.4　基于 AHP 和 SEM 的指标权重分配的比较分析 ····· 55
　3.5　本章小结 ··· 58

第4章　制造企业服务化绩效影响因素识别 ············ 59
　4.1　制造企业服务化绩效影响因素的理论分析 ········· 60
　　　4.1.1　外部环境因素 ····························· 60
　　　4.1.2　内部组织因素 ····························· 62
　4.2　制造企业服务化绩效影响因素的量表开发 ········· 65
　　　4.2.1　量表的开发与设计 ························· 66
　　　4.2.2　数据的收集与处理 ························· 68
　4.3　制造企业服务化绩效影响因素的实证研究 ········· 70
　　　4.3.1　相关性检验 ······························· 71
　　　4.3.2　共线性检验 ······························· 72
　　　4.3.3　KMO 和 Bartlett 球形检验 ················ 73
　　　4.3.4　主成分分析 ······························· 74
　　　4.3.5　线性回归分析 ····························· 77
　4.4　结果解释 ··· 78
　4.5　本章小结 ··· 80

第5章　制造企业服务化绩效影响机理研究 ············ 81
　5.1　制造企业服务化绩效影响机理概念模型的提出 ····· 82
　　　5.1.1　研究假设 ································· 82
　　　5.1.2　概念模型的提出 ··························· 88
　　　5.1.3　变量设计与测量 ··························· 88
　　　5.1.4　研究模型的建立 ··························· 90

5.2 制造企业服务化绩效影响机理的实证分析……………… 94
    5.2.1 信度分析 …………………………………………… 94
    5.2.2 基于验证性因子分析的效度检验 ………………… 95
    5.2.3 结构方程模型分析 ………………………………… 97
5.3 结果解释 ………………………………………………… 101
    5.3.1 服务化绩效影响因素效应分解分析 ……………… 101
    5.3.2 制造企业服务化绩效的影响机理分析 …………… 105
5.4 本章小结 ………………………………………………… 106

第6章 基于服务化绩效影响机理的制造企业服务化策略研究 ……………………………………… 109

6.1 基于服务化绩效影响机理的企业发展策略 …………… 110
    6.1.1 构建适度柔性组织结构，
         提升组织应变能力 ………………………………… 110
    6.1.2 培养员工的创新能力，
         创造差异化竞争优势 ……………………………… 113
    6.1.3 发挥文化基础作用，
         提升组织文化适应性 ……………………………… 116
    6.1.4 深化企业战略目标认同感，
         提升战略匹配水平 ………………………………… 120
    6.1.5 强化客户参与和提升客户价值感知 ……………… 123
    6.1.6 全方位与循序渐进相结合推进服务化 …………… 124
6.2 基于服务化绩效影响机理的政府扶持策略 …………… 125
    6.2.1 营造服务化发展宏观环境，
         促进服务化转型 …………………………………… 126
    6.2.2 购买NPO服务，提供服务化经验和教训 ………… 128
    6.2.3 提供信息咨询服务和储备创新人才，
         增强服务创新能力 ………………………………… 129

  6.2.4 倡导绿色可持续发展，
     营造良好的文化环境 ……………………… 130

  6.2.5 大力助推供给侧改革，
     增进制造企业战略匹配 …………………… 132

  6.2.6 保护消费者合法权益，
     提升客户参与度和价值感知度 …………… 132

  6.2.7 设立专项职能部门，
     全面夯实服务化发展基础 ………………… 133

 6.3 本章小结 …………………………………………… 134

第7章 研究结论与展望 ……………………………… 137

 7.1 研究工作与结论 …………………………………… 138

 7.2 主要创新点 ………………………………………… 143

 7.3 研究不足与未来展望 ……………………………… 143

附 录 ……………………………………………………… 145

参考文献 ………………………………………………………… 151

后 记 ……………………………………………………… 166

基于制造企业服务化绩效影响机理的服务化策略研究
Chapter 1

第1章 绪 论

1.1 研究背景

1.1.1 现实背景

制造业作为国民经济的支柱产业,在我国的经济发展中占有重要地位。《中国统计年鉴》显示,截至 2013 年 12 月,我国制造业增加值总计为 177012.8 亿元,对 GDP 的贡献率为 30.1%;2014 年,制造业法人单位数 2616671 个,占全国法人单位数的 19.1%,占第二产业法人单位数的 80.7%;城镇单位就业人员数为 5243.1 万人,占我国城镇单位就业人员总数的 28.7%;全年规模以上制造业主营业务收入为 978230 亿元,是规模以上工业企业主营业务收入的 88.4%[1]。可以说,制造业是我国的立国之本、兴国之要、强国之基。

然而,中国制造业在经历了几十年的发展之后,虽然取得了举世瞩目的成就,但与世界上先进水平相比,仍显得"大而不强"。我国制造业的劳动生产率只相当于美国的 4.38%、日本的 4.37% 和德国的 5.56%;增加值率与美、日、德三国相比,也分别低约 23 个、22 个、11 个百分点;我国制造业的中间投入贡献系数仅为 0.56,价值创造能力与发达国家相比差距悬殊[2]。改革开放后,我国承接了大量"两头在外"的制造活动,这虽然促使我国加工贸易出口所占的比重迅速上升,为我国的经济带来一定的发展机遇;但是,大多数转移到我国的制造企业均处于国际产业分工链上的最低端,相较于处于产业分工链上游的研发和设计以及下游的营销等环节 20%～50% 的高利润率,我国可以从中获得的制造利润仅为 2%～3%,这不利于我国制造企业的可持续发展。同时,近年来,受市场上供求格局变化的影响,我国劳动力与土地等成本的上涨压力逐渐增大,据波士顿咨询公司的报告预计,到 2018 年,中国地区的制造业成本甚至比美国高约 2%～3%[3]。再考虑到生产质量、供应链距离、知识产权等因素，许多发达国家的企业开始选择将生产制造环节转移出中国，这无疑会使我国制造企业在国际上处于更加被动的地位。除此之外，随着社会经济、文化水平的不断提高，同质化的产品已经无法满足客户日益多样、复杂和个性化的需求。面对严峻的竞争局面和市场消费需求升级的现实状况，越来越多的传统制造企业开始通过服务化来挖掘新的收入来源、取得差异化竞争优势，以延长企业的生命周期。

我国政府对推动制造企业服务化发展也给予了充分重视。2007年国务院颁布的《关于加快发展服务业的若干意见》中指出要"大力发展面向生产的服务业，促进现代制造业与服务业有机融合、互动发展"；2009年国务院制定为期三年的《装备制造业调整和振兴规划》，突出强调要转变产业发展方式，进行产业调整升级，推动制造企业逐步实现由生产型制造向服务型制造的转变；2015年国务院印发《中国制造2025》，明确提出积极发展生产性服务业与服务型制造的重要战略任务。同年，为了进一步推行实施制造强国的发展战略，实现《中国制造2025》中所确定的十年行动目标，加强对有关工作的统筹规划和战略协调，国务院于3月27日决定成立国家制造强国建设领导小组[4]，国务院副总理马凯同志任国家制造强国领导小组组长。在国家制造强国建设领导小组第一次全体会议中，马凯同志指出，发展制造强国的道路，是有效应对新一轮的科技革命以及产业变革所必须做出的战略选择，是实现中华民族伟大复兴中国梦的重要举措，要聚焦重点，满足社会经济发展的需求，同时还要抓住根本、坚持创新[5]。在这之后，20多个国务院部委通力配合，为细化落实《中国制造2025》这一"建设制造强国的行动纲领"编制了一套细致的"框架图"，构建了"1+X"规划体系，其中"1"是指《中国制造2025》，"X"则包括国家制造业创新中心建设、智能制造、绿色制造、工业强基与高端装备创新等五大工程实施指南，发展装备制造业质量品牌和服务型制造两个专项行动指南，新材料、信息产业、医药工业和制造业人才四个发展规划指南。这些均为加快我国制造企业发展动力转换提供了良好的契机。但也需要注意到，我国制造企业服务化仍处于起步阶段，企业对此认识存在不足，相关政策支持也十分有限。因此，在当前形势下，明辨制造企业服务化绩效的影响因素和揭示相应的影响机理，并在此基础上结合实际情况给出促进制造企业服务化绩效提升，进而推动产业结构优化升级的服务化策略已显得尤为迫切。

1.1.2 理论背景

1972年，Levitt在对发展中国家和发达国家之间产业替代关系和竞争优势比较的研究过程中，最早发现服务可以同时为制造企业和客户提供切实的价值，主张制造企业应把发展与客户的关系作为企业关注的焦点，并把服务融合到他们所提供的产品当中[6]。这引起了学术界的广泛关注，如何通过服务来提升制造企业的价值成为一个新的研究课题。此外，政府对于推动产业结构优化转型升级的大力倡导，为制造企业的服务化发展提供了广阔的空间和前景。

在上述形势下，国内外学者对制造企业服务化的诸多问题进行了研究，主要集中在服务化的概念与驱动力、模式与路径、服务化绩效和政府干预等方面。具体来看，文献[7-15]从服务化的转变过程和现象两种视角对制造企业服务化的概念进行了界定；文献[16-28]从微观和宏观两个层面分析了制造企业服务化转型的驱动因素；文献[29-32]依据价值增值来源、制造与服务融合发展的趋势、制造企业服务介入的价值链环节、服务介入的价值链环节与程度以及供应链组织结构的不同对制造企业服务化的模式进行了划分；文献[33-40]将制造企业服务化的路径归纳为前提路径、主体路径、生产流程关注转化路径以及服务要素在价值链环节介入路径四种，并对每种路径的实现方式进行了详细的阐述；文献[41-52]对制造企业服务化绩效影响因素及绩效评价等问题进行了研究；文献[53-56]则通过案例研究、比较研究等方法提出了促进制造企业服务化发展的相关政策。

国内外学者对制造企业服务化相关问题所做的大量研究，丰富了制造企业服务化的相关理论，但也存在一定的不足，具体表现为以下几个方面：

(1) 相对缺乏对制造企业服务化绩效评价指标体系的系统研究。

国内外学者对制造企业服务化绩效评价的研究主要分为三类：一是利用宏观投入产出表中服务投入和服务产出的数据评价整个行业的服务化绩效；二是通过对制造企业的经营范围进行分析，从提供服务的广度和数量来衡量企业的服务化水平；三是通过设计和发放调查问卷，收集数据，从不同维度出发，选取服务收入占比、客户满意度等指标对服务化绩效进行评价。已有研究对制造企业服务化绩效评价指标体系进行了探索性研究，但相对缺乏对制造企业服务化绩效评价指标体系设置和指标权重分配的系统研究，未对评价指标理论权重分配和实证权重分配进行比较分析。

(2) 缺乏对制造企业服务化绩效影响机理的研究。

当前对制造企业服务化绩效影响因素的研究绝大多数是从不同的分类和视角给出服务化绩效的相关影响因素，也有部分文献通过实证研究分析了各影响因素对制造企业服务化绩效的直接影响作用，但很少有文献对各影响因素间及影响因素与服务化绩效间的影响机理做进一步的研究，并未揭开影响因素作用于服务化绩效的影响机理"黑箱"，因而难以有效推进制造企业服务活动与服务化绩效的关系由倒"U"形向正向关系转变，对制造企业及政府管理决策提供有效参考的作用也有限。

(3) 很少有文献基于制造企业服务化绩效影响机理实证结果对服务化策略进行研究。

制造企业服务化虽需要企业基于实际寻求适合自身的服务化策

略,但也十分需要政府为其服务化提供良好的政策支持和商业环境。已有制造企业服务化的相关文献虽然绝大多数是从制造企业视角展开的,但却很少有文献基于服务化绩效影响机理对制造企业的服务化策略进行研究,而基于制造企业服务化绩效影响机理对政府促进制造企业服务化的支持策略进行研究的则更少,且难以形成完整的理论框架。

出于以上考虑,本书将基于制造企业服务化绩效影响机理对制造企业服务化的企业发展策略和政府支持策略进行研究。第一,在广泛分析文献资料的基础上,对制造企业服务化问题的研究动态进行综述,总结已有研究的贡献与不足;第二,对研究的相关理论基础进行概述;第三,基于平衡计分卡构建一套具有普适性和可操作性的制造企业服务化绩效评价指标体系,分别利用层次分析法和二阶验证性因子分析模型确定各评价指标的权重,并对两种方法确定的指标权重进行比较性分析;第四,基于主成分和回归分析的方法识别制造企业服务化绩效的主要影响因素;第五,利用结构方程模型研究制造企业服务化绩效的影响机理;第六,根据制造企业服务化绩效影响机理实证研究结果,基于制造企业视角给出制造企业的服务化策略,基于政府视角给出政府促进制造企业服务化的支持策略;第七,在对全书进行概括总结的基础上,提出未来可以研究的方向。

1.2 研究目的和意义

1.2.1 研究目的

本书的总体目标是通过对制造企业服务化绩效影响因素的实证分析,揭示制造企业服务化绩效影响机理"黑箱",明确各因素之间及因素与服务化绩效之间的作用方式、作用路径以及作用效果的大小，并结合影响机理分别从制造企业视角与政府视角提出具有针对性的促进制造企业服务化的策略，进一步丰富制造企业服务化的相关理论。本书的具体研究目标可以概括为以下3点：首先，构建制造企业服务化绩效评价指标体系，并对指标权重进行赋值，为制造企业服务化绩效管理与评价提供参考；其次，对制造企业服务化绩效影响因素和影响机理进行研究，明确影响路径与影响大小，以揭开制造企业服务化绩效影响机理"黑箱"；最后，分别从制造企业和政府视角，基于服务化绩效影响机理提出制造企业服务化策略，以期为两者的管理决策提供些许参考和借鉴。

1.2.2 研究意义

（1）理论意义。

制造企业服务化作为一种新的经济发展模式和研究热点，正逐渐受到国内外学者和有关政府的重视。当前，对制造企业服务化领域的研究主要集中于制造企业服务化的概念界定、驱动因素、发展模式及路径、绩效评价和政府干预等方面，但对制造企业服务化绩效评价指标体系、制造企业服务化绩效影响因素和影响机理以及基于影响机理的制造企业服务化的管理和支持决策的研究仍比较缺乏，相关文献较少，尚没有形成较为完整的理论框架。本书通过对国内外制造企业服务化领域的研究成果进行述评，分析制造企业服务化绩效及其影响因素和影响机理，并根据实证分析结果从制造企业和政府两个视角对促进制造企业服务化发展和绩效提升的相关策略进行研究，在一定程度上拓宽了制造企业服务化的研究范围、丰富了制造企业服务化领域理论层面的研究成果。

（2）现实意义。

第二产业在我国国民经济构成中处于主导地位，制造业作为第二产业的重要组成部分,其发展壮大不仅有利于我国国民经济总量的增加,也有利于我国在国际市场中竞争力的提升。然而,目前我国制造业面临着业大而不强、制造技术低端化、产品同质化严重、自主创新能力较弱以及所处价值链环节附加价值较低等现实问题,我国制造业若想改变在价值链分工中的地位,突破制造业发展"瓶颈",抢占未来竞争制高点,实现由制造大国向制造强国转变,必须要重新审视自身发展模式,顺应全球制造业发展趋势,重视和促进传统制造企业向服务型制造企业转型。

服务化战略作为我国制造企业转型升级的导向型战略,已成为服务经济时代我国制造企业的重要战略选择。从微观视角而言,本书对制造企业成功向价值链上游和下游移动,并在激烈的国际竞争环境中获取优势地位和竞争成果具有一定的借鉴意义。从宏观视角而言,本书研究观点与我国政府提出的新型工业化道路、科学发展观、"五大"发展理念等联系紧密,可以为政府部门制定推动制造企业服务化的支持策略提供参考性建议。

1.3 制造企业服务化研究综述

目前,国内外学术界对于制造企业服务化的研究,涵盖了服务化的概念与驱动力、服务化模式与路径、服务化绩效以及服务化政府干预等若干方面。

1.3.1 服务化概念与驱动力

(1) 制造企业服务化的概念。

服务化并非指制造企业迈入一个全新的行业领域,而是指企业将功能向服务领域进行扩展和延伸,具体可见表1-1。这种扩展和

第1章 绪 论

延伸是制造企业由向客户提供有形产品转向提供包括产品、服务和支持的"完整市场包"或"客户导向包"的过程[7-9];是企业经营模式从产品导向型向服务导向型转变的过程[10];是制造企业以低附加值的加工制造为开端向高附加值的研发和营销等服务环节延伸的过程[11];也是制造企业由产品提供者向"产品服务包"提供者角色转变的过程[12-13]。与上述研究将服务化视为一个动态过程所不同,刘继国等[14]与周大鹏等[15]认为服务化是一种现象,一种制造企业全部投入中服务要素所占比重与产出中服务产品所占地位均提高的现象。

表1-1　　　　　　对服务化的过程理解与现象理解

理解视角	转变内容	转变前	转变后
一个转变过程	提供的对象	产品	"完整市场包"或"客户导向包"
	经营模式	产品导向型	服务导向型
	关注环节	加工制造	研发与营销等
	角色扮演	产品提供者	产品服务提供者
一种现象	投入与产出	服务投入产出比例低	服务投入产出比率提高

(2) 制造企业服务化的驱动力。

制造企业服务化有微观和宏观两个层面的驱动力,具体可见表1-2。微观层面的驱动力有三:一是有形产品的易复制性和易模仿性导致的产品同质化,它促使制造企业把服务化当作一种新的商业机会[16];二是买方市场催生的客户需求个性化与多样化,它使制造企业把服务化当作满足客户需求[17-18]、提升客户心理满足感和维持与客户长期关系的有效手段[19];三是有效服务化后的高额利润,其诱使制造企业通过服务化顺畅价值链运作与提升企业管理水平[20-22]。宏观层面的驱动力有二:一是不同地区资源和行为习惯的差异以及产业竞争强度的加大,它使跨国经营制造企业的有形产品必须附加比本土化经营更为完善的服务内容[23-25];二是环境绩效与绿色声誉,其驱使制造企业进行绿色产品研发与设计以及提供废旧产品回收等服务[26-28]。

表1-2　　　　　　　　制造企业服务化驱动力

层面	驱动力
微观	有形产品的同质化;客户需求的个性化与多样化;高额利润诱使
宏观	地区资源与行为习惯的差异及产业竞争;环境绩效与绿色声誉

1.3.2　服务化模式与路径

(1) 制造企业服务化模式。

服务化模式是将服务化经验进行抽象概括和升华后得到的核心知识体系,是解决制造企业服务化问题的方法论,是制造企业服务化的参照性指导模式,具体可见表1-3。从价值增值来源看,制造企业的服务化模式可分为基于产品效能提升的增值服务、基于产品交易便捷化的增值服务、基于产品整合的增值服务和从基于产品的服务到基于需求的服务四种模式[29];从制造与服务融合发展的趋势分析,可分为附加服务模式、增值服务模式、支持服务模式和独立服务模式[30];依据制造企业服务介入的价值链环节可将服务化模式分为原始设备制造商(OEM)、原始设计制造商(ODM)、原始品牌制造商(OBM)与全流程生产企业(TPM);基于制造企业服务介入的价值链环节与程度的综合考量可分为服务外包模式(OSM)、集成服务模式(ISM)、合作服务模式(CSM)和服务提供商模式(PSM)[31]。李洪磊等[32]则从供应链组织结构入手,将以制造型企业为核心的服务化模式划分为供应链上游服务化模式和下游服务化模式。

表1-3　　　　　服务化模式划分依据及结果

划分依据	划分结果
价值增值来源	基于产品效能提升的增值服务模式 基于产品交易便捷化的增值服务模式 基于产品整合的增值服务模式 从基于产品的服务到基于需求的服务模式
制造与服务融合发展趋势	附加服务模式、增值服务模式 支持服务模式、独立服务模式
服务介入环节	原始设备制造商、原始设计制造商 原始品牌制造商、全流程生产企业
服务介入环节与程度	服务外包模式、集成服务模式 合作服务模式、服务提供商模式
供应链组织结构	供应链上游服务化模式 供应链下游服务化模式

（2）制造企业服务化路径。

服务化路径是制造企业在服务化时采用的具有可操作性和实践性的具体方法或策略，具体可见表1-4。制造企业服务化的前提路径是明确自身的使命任务、服务面向的市场定位、服务的拓展方向、自身在产业链上所处的地位[33]以及投入要素服务化[34]；主体路径是转变经营模式、完善服务性生产组织模式、强化自身优势[35]、服务创新[36]以及生产方式、价值实现方式和运作模式的服务全程化[37]。李晓亮[38]与简兆权等[39]根据服务要素在价值链上、中、下游的介入环节给出了四种制造企业服务化路径：一是增加对下游营销与品牌管理等环节的介入力度；二是增加对上游研发、设计与规划等环节的介入；三是投入和产出环节的服务化齐头并进；四是将制造环节外包，完全去制造化。Zahir等[40]则基于生产流程环节给出了制造企业的服务化路径，认为在研发环节应从注重技术发明向及时响应客户需求和期望转变；在采购环节应从关注供应链扩展到关注价值链，要基于自身全球一体化供应链为客户创造价值；在生产环节应从注重原材料和生产转变为关注员工技能与服务能力的提升；在营销环节应从关注产品的有效销售向关注价值增值与客户效用提升转变;在售后服务环节则应从关注产品维修向关注全方位的网络服务转变。

表1-4　　　　　　服务化路径种类及具体路径

路径种类	具体路径
前提路径	明确自身的使命任务、服务面向的市场定位、服务的拓展方向、自身在产业链上所处的地位;投入要素服务化
主体路径	转变经营模式;完善服务性生产组织模式;强化自身优势;服务创新;生产方式、价值实现方式和运作模式的服务全程化
服务要素在价值链环节介入路径	增加投入环节服务介入力度;增加产出环节服务介入力度;同时增加投入与产出环节服务介入力度;制造环节外包
生产流程关注转化路径	研发:技术发明→客户需求与期望;采购:供应链→价值链;生产:原材料和生产→员工技能与服务能力;营销:产品销售→价值增值与客户效用;售后服务:产品维修→网路服务

1.3.3　服务化绩效

(1) 制造企业服务化绩效的影响因素。

服务化绩效影响因素的识别是提升服务化绩效的前提。组织战略一致性和社会技术能力的调节在很大程度上决定了制造企业服务化绩效的获得[41-42]。綦良群和赵少华[25]将影响我国装备制造业服务化绩效的因素归纳为包括资源约束、产业竞争强度、服务经济水平、技术进步、政府政策和制度在内的环境因素以及包括高层管理者管理水平、员工数量及构成和组织专业化分工在内的组织因素两大类,并基于我国内地 30 个省区市截面数据进行了实证分析。杨水利和梁永康[43]选择扎根理论的质性研究方法,通过多案例收集数据资料,认为制造企业服务化绩效的影响因素可以归纳为产业链角色、战略规划、领导者能力、资源整合能力、技术创新能力、技术服务能力以及商业模式创新七大主范畴。

(2) 制造企业服务化绩效的评价。

服务化绩效评价是制造企业后继决策和策略修正的依据,是判断服务化是否使制造企业从传统制造的规模经济迈向"制造+服务"的范围经济的基础。De Brentani[44]认为服务化绩效评价应在考虑服务特性的基础上从竞争性绩效、销售和市场绩效、财务和成本绩效等维度进行测度;Cooper[45]则认为应采用机会窗口、财务绩效和市场影响三个指标来进行衡量;Kelly等学者[46]认为应从客户指标、财务指标和内部指标三个维度,个案层次和阶段性项目两个层次进行测度;Kowalkowski和Witell等学者[47]通过对13家中小型制造企业进行深度访谈,收集数据信息,认为制造企业服务化绩效应从服务数量、服务广度、服务重视程度三个维度来测量。Morlock和Meier[48]以戴明环模型为基础,绘制服务活动泳道图,从产品服务提供者、客户、网络合作伙伴三个主体之间存在的计划、执行、检查、纠正四个方面活动中选取关键绩效指标对制造企业的服务绩效管理进行了讨论。陈洁雄[49]在对中美上市公司的比较研究中,基于OSIRIS数据库,将制造企业中与主营业务相关的服务归纳为物品技术服务、咨询与培训服务、租赁服务、结果导向服务、销售服务、金融服务、物流运输服务以及软件开发八种类型,采用服务数量作为衡量服务化水平的主要指标。李靖华等[50]在服务数量的基础上,将各服务活动归类于产品延伸服务、整体性解决方案和功能性服务三种模式,并将这三种模式分别赋值为1~3,作为服务深度对服务数量进行加权,一定程度上弥补了陈洁雄在衡量指标上的不足。蒋楠等[51]则从服务知识获取模式视角评价了制造企业的服务化绩效。

1.3.4 服务化政府干预

在市场竞争和制造企业服务化的发展进程中,无论多强大的市场和企业都不能规避所有风险与错误,为了弥补市场失灵带来的不利影响,需要政府对其进行宏观调控。黄群慧和霍景东[52]从国际比较的视野出发,指出中国制造企业服务化的政策支持力度不够,表现为财税体制不完善,对服务外包存在重复征税;土地制度不完善,服务用地成本较高;金融体制不完善,导致服务型制造企业由于缺乏固定资产抵押难以获得银行贷款等。汪应洛[53]介绍了IBM与陕鼓集团等服务型制造的实践案例,提出政府应通过制定产业发展促进政策,提供金融、税收与法律支持,扶持中小企业发展等方式为制造企业服务化营造良好的"软""硬"环境。何哲和孙林岩[54]通过对山寨机产业发展的研究,发现山寨机的产生反映了一种典型的服务化趋势的产业变革,认为服务型制造企业的发展全过程与政府干预密不可分,政府应通过管制来降低行政成本和市场的交易成本、完善管理流程和信用体系,并通过鼓励创新推动制造企业服务化转型发展。戚悦和张晓艳[55]从我国制造企业服务化发展水平切入,提出促进制造企业服务化进程的财税政策组合,认为政府应通过财政资金的支持与引导来逐步破除我国制造企业服务化发展过程中的阻力与障碍。

1.3.5 文献述评与启示

(1) 现有研究的贡献与不足。

根据以上综述可知,已有研究对制造企业服务化的本质理解趋同,认为服务化是以客户需求为出发点,基于原有制造能力提升服务能力,综合满足客户个性化需求的过程,是将传统制造与服务进行有机融合,实现由规模经济向范围经济转变的过程;对驱动力的研究基本形成共识,认为主要驱动力有产品同质化、客户需求个性化和多样化、高额利润、资源与行为习惯的差异、产业竞争以及环境效应等;对服务化绩效的研究领域不断拓展,认为服务化绩效的获得在很大程度上取决于组织战略一致性和社会技术能力的调节等,应充分考虑服务的特性从多个方面对服务化绩效进行测度；对政府干预的研究层次进一步加深，认为政府应通过不断完善财税、土地、金融等政策来促进制造企业服务化的发展。这些研究丰富了制造企业服务化的相关理论，为后续研究和企业实践提供了一定的参考和借鉴，但也存在以下不足：一是制造企业服务化绩效影响因素识别研究仅是给出相关影响因素，并未揭开因素作用于服务化绩效的影响机理"黑箱"，因而难以推进制造企业服务活动与服务化绩效的关系由倒"U"形向正相关转变。二是制造企业服务化绩效评价研究仅是在传统绩效评价指标体系中增加了服务投入、服务产出及服务投入产出比率等指标，未能对制造企业服务化绩效评价指标体系进行系统研究，因而评价结果指导制造企业走出"服务化困境"的实际作用有限。三是已有关于服务化绩效和发展路径的研究绝大多数是从制造企业的视角展开的，而基于服务化绩效影响机理对制造企业服务化策略进行研究的文献则很少，基于实证分析结果从政府宏观层面出发给出促进制造企业服务化绩效提升的政策建议的有关文献则更少，尚没有形成完整的理论体系。但显然已有研究的不足在一定程度上会延迟制造企业服务化的发展。

（2）对本书研究的启示。

国内外学者大量卓有成效的研究成果为服务化绩效影响机理和制造企业服务化策略的深入研究提供了坚实的基础。首先，已有文献对于企业绩效评价的研究为本书构建制造企业服务化绩效评价指标体系提供了思路和方法，使本书明确了服务化绩效的评价维度，进而选择层次分析法和二阶验证性因子分析模型对各评价指标赋权，这也是本书的创新点之一；其次，大量文献对制造企业服务化绩效影响因素的研究为本书对各影响因素的识别提供了借鉴，进而为服务化绩效影响机理的分析奠定了基础；最后，文献对于服务化政府干预的研究为本书提出促进制造企业服务化发展的政策建议提供了借鉴。

1.4 研究内容及拟解决的关键问题

1.4.1 研究内容

本书致力于服务化绩效影响机理以及基于制造企业服务化绩效影响机理的服务化策略研究，具体内容主要包括以下几个部分：

第1章是绪论。从研究的背景、目的和意义入手，对国内外有关制造企业服务化研究现状进行述评，并阐述本书的主要研究内容、拟解决的关键问题和相应的研究方法。

第2章是理论基础。着重阐述相关理论基础，主要包括价值链理论、权变管理理论、资源基础观、客户需求理论、制造企业服务化服务创新模型以及政府干预理论等。

第3章是制造企业服务化绩效评价指标体系研究。基于平衡计分卡从财务、客户、内部运营、学习与成长四个维度设计和构建制造企业服务化绩效评价指标体系；针对制造企业服务化绩效评价指标体系所涉及的指标变量开发和设计量表，并经过与相关领域专家讨论形成制造企业服务化绩效调查问卷；通过收集的数据对量表的信度、效度进行检验；使用层次分析法和结构方程二阶因子模型分别对制造企业服务化绩效各评价指标进行赋权；最后详细说明了基于层次分析法和结构方程模型所得到的制造企业服务化绩效评价指标权重的分配情况及存在差异的原因。

第4章是制造企业服务化绩效影响因素识别。通过对影响制造企业服务化绩效的多方面因素进行综合考量，将影响因素归纳为外部环境因素和内部组织因素两大类，详细分析各因素与服务化绩效之间存在的复杂关系；设计制造企业服务化绩效影响因素的调查问卷并进行数据收集；利用主成分和回归分析的方法对制造企业服务化绩效的影响因素进行实证研究，得到优于多元回归的主成分回归模型；最后，根据实证研究结果，阐述了各影响因素的影响强度与方向，并对研究结果进行分析与解释。

第 5 章是制造企业服务化绩效影响机理研究。在第 4 章研究结果的基础上，根据制造企业服务化绩效影响因素的理论分析提出研究假设，并基于研究假设构建概念模型，依托通过调查获取的数据运用结构方程模型分析方法对制造企业服务化绩效影响因素间关系以及因素作用于服务化绩效的影响机理进行实证分析，从而揭示和明确制造企业服务化绩效影响机理"黑箱"。

第 6 章是基于服务化绩效影响机理的制造企业服务化的企业发展策略和政府干预政策研究。通过对制造企业服务化绩效影响机理的作用效应分析，分别从微观企业角度和宏观政府角度提出具有针对性的推动制造企业服务化绩效提升的相关策略，为制造企业转型升级的顺利进行提供一定的借鉴。

第 7 章是研究结论与展望。此部分为本书的结论部分，在对全书的主要结论和创新点进行总结的基础上，对未来的研究方向进行展望。

1.4.2 拟解决的关键问题

（1）制造企业服务化绩效评价指标体系的构建和指标权重的确定。

研究制造企业服务化绩效的影响机理，首先必须要对制造企业的服务化绩效进行评价。因此，制造企业服务化绩效评价指标体系的构建和指标权重的确定是本书第一个拟解决的关键问题。与以往研究不同，本书着力于从企业整体战略出发，力求构建一套具有普适性和可操作性的制造企业服务化绩效评价指标体系，为服务化绩效影响机理研究奠定基础，为制造企业服务化绩效考核的实践提供依据。

(2) 制造企业服务化绩效影响机理"黑箱"的揭示。

考虑到现实中制造企业如果不能正确认识服务化绩效影响因素间的作用关系以及各影响因素间作用于绩效的影响机理，那么服务化管理决策可能使企业陷入"服务化困境"，即只取得较少或低于预期的服务收益。因此，揭示制造企业服务化绩效影响机理"黑箱"是本书最核心的问题，也是本书第二个拟解决的关键问题。本书力求通过制造企业服务化绩效主要影响因素的识别和影响机理的分析，进一步拓宽制造企业服务化的研究领域，为服务化的企业发展策略和政府干预政策的提出提供依据。

(3) 促进制造企业服务化发展的策略。

制造企业服务化转型发展是推动产业结构优化升级的有效途径，对促使中国制造企业从"微笑曲线"底部走向两端、由制造业大国迈向制造业强国具有重要意义。因此，在明确制造企业服务化绩效影响机理之后，如何基于服务化绩效影响机理，制定促进制造企业服务化发展的企业策略和政府支持策略是本书第三个拟解决的关键问题。

1.5 研究方法与技术路线

1.5.1 研究方法

本书的研究在整体上采取定性分析与定量研究相结合的方法，并在不同的章节和层面上有所偏重。在绪论部分，主要使用的是文献分析法；在制造企业服务化绩效评价指标体系研究部分，主要使用的是层次分析法、结构方程二阶验证性因子分析模型和问卷调查法等；在制造企业服务化绩效影响因素识别部分，主要使用的是问卷调查、主成分和回归分析的方法；在制造企业服务化绩效影响机理研究部分，主要使用的是结构方程模型。这些研究方法的综合使用使基于制造企业服务化绩效影响机理的服务化策略研究得以深入展开。

（1）文献分析法。

搜集、鉴别、整理制造企业服务化领域的相关文献，并对过去和现在的文献进行系统、全面的叙述和评论，形成对已有研究成果的科学认识，发现当前研究的不足和未来需要继续研究的方向，据此提出本书的观点、意见和建议。

（2）平衡计分卡。

基于平衡计分卡思想确定了制造企业服务化绩效测度的一级指标，使绩效评价综合考虑了财务和非财务、短期和长期、内部和外部、过程和结果等指标。

（3）问卷调查法。

问卷调查是本书实证研究得以展开的前提。在将制造企业服务化绩效及其影响因素的度量变量具体化的基础之上，参考已有相关量表，创建构成量表的原始陈述和项目，得到最终的制造企业服务化绩效及其影响因素的调查问卷。再采用利用网络社交平台传递电子文档的"网调"方式或实地调查方式向被选取的制造企业员工发放问卷进行调查，从而得到企业服务化绩效及其影响因素的相关数据。

（4）层次分析法。

在构建了制造企业服务化绩效评价指标体系的基础之上，利用层次分析法，对制造企业服务化绩效评价指标体系中不同维度指标之间的内在关系进行深入分析，建立层次结构模型；邀请制造企业服务化领域相关专家对各层次指标进行打分，形成两两比较判断矩阵；计算判断矩阵并通过一致性检验，进而对制造企业服务化绩效评价指标进行赋权。

（5）统计分析法。

经过对相关文献的整理和理论研究，归纳总结了影响制造企业服务化绩效的内外因素，并利用调研取得的数据资料进行制造企业服务化绩效影响因素的统计分析。其中，基于统计软件 SPSS 21.0，利用主成分和回归分析的方法对制造企业服务化绩效主要影响因素的影响强度和方向进行识别；基于 AMOS 17.0 统计软件，利用结构方程模型的分析方法对制造企业服务化绩效影响机理进行研究。

1.5.2 技术路线

综合以上研究内容和研究方法，本书的技术路线图如图 1-1 所示。

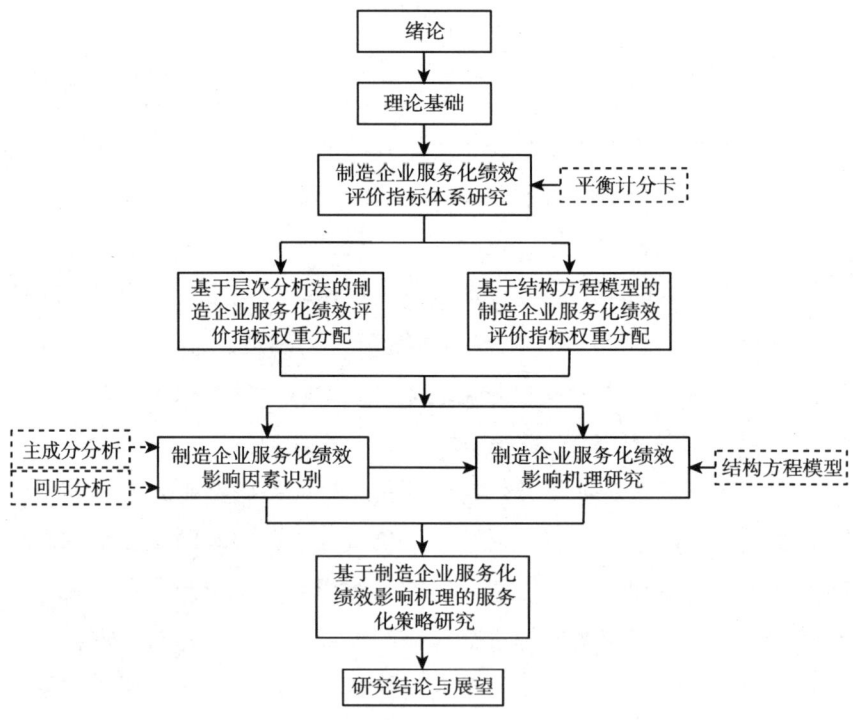

图 1-1　本书技术路线

基于制造企业服务化绩效
影响机理的服务化策略
研究
Chapter 2

第 2 章　理论基础

本章主要阐述了价值链理论、权变管理理论、资源基础观、客户需求理论、制造企业服务化的服务创新模型以及政府干预理论的基本思想和主要内容，它们共同构成了本书研究的理论基础。

2.1 价值链理论

（1）传统价值链理论。

价值链理论最早是由美国著名战略学家、哈佛大学商学院教授迈克尔·波特于1985年在《竞争优势》一书中所提出的。波特认为：每一个企业的价值创造都是通过一系列基础活动和辅助活动所共同达成的，其中基础活动包括内部后勤、生产经营、外部后勤、市场营销以及服务活动五类；辅助活动包括企业基础设施、人力资源管理、技术开发与采购四类。这些相互联系的活动构成了企业价值创造的行为链条，即企业价值链[56]。根据波特的价值链理论可以看出，"服务"作为企业五种基础活动之一，是企业获取利润和实现价值增值的重要源泉。对于制造企业来说，利用服务活动的稀缺性和难以复制性，逐步实现企业关键价值环节的服务化成为一种必然趋势。

（2）产业价值链理论。

按照迈克尔·波特的逻辑，当价值链的分析对象由特定企业转向某个产业时则形成了产业价值链，产业价值链是企业内部价值链的外延化，在整个产业链条上，企业之间进行资源重组，并通过专注于自身核心业务领域、虚化其他弱势活动、舍弃不必要环节、积极向外部寻求合作等方式来创造价值[57]。产业链上不同价值环节之间的附加值和盈利水平存在很大差异性，整体上利润分布的情况呈"微笑曲线"的形状[58]；微笑曲线两端，即价值链上游的研发环节和下游的营销环节附加值高、盈利空间大；而微笑曲线底端的制造和装配等环节技术含量低、利润空间小,在整个价值链中处于劣势地位。因此,通过服务化不断向产业价值链上游和下游延伸已成为制造企业的必然战略选择。

(3) 全球价值链理论。

与迈克尔·波特的价值链理论整体上侧重于微观经济层面不同,Kogut 强调价值链和宏观经济层面之间的内在联系,认为国际商业战略的选择是一个国家比较优势和企业竞争能力两者相互作用的结果,其中,国家的比较优势决定了整个价值链条上各环节如何在不同的国家和地区进行空间配置;企业的竞争能力则决定了企业应专注于价值链上的哪个细分环节和技术层面[59]。Gereffi 在 Kogut 研究的基础上提出了全球价值链理论,认为产业分工的细化使全球不同规模的组织和企业集中于一个网络之中,并围绕着某一产品的生产或服务的提供形成跨国的生产组织体系[60]。全球价值链理论反映了在经济全球化的背景下,推动制造企业服务化转型升级对一个国家在国际上保持持久的竞争优势和竞争成果所具有的重要意义。

2.2 权变管理理论

随着经济全球化的不断深入与蔓延,企业所处的环境已然发生深刻的变化,面对瞬息万变的市场环境,管理者需要学会如何提升动态环境中的应对能力去促使企业的经营管理方式或模式适时而变。权变即权宜应变,指随着具体情境的变化而制定相应的策略,在管理实践中特指根据企业所处的具体环境和自身条件做出相应的策略调整。因此,权变管理理论在企业管理中的重要性日益凸显。

20 世纪 60 年代开始出现的权变管理学说主要来源于学者们对组织结构和领导方式两个领域的探讨,研究通过实证与案例分析形成了一系列具备坚实理论基础的权变观点。之后权变管理理论受到许多学者的关注并且以不同的方式被解释。Fiedler 的权变理论是最早的权变管理理论，他基于管理者的性格特征和行为习惯视角，认为组织的绩效与组织的氛围、任务构成以及管理者的权力地位有着密切的关系，并且最佳的或最适宜的管理或组织应当服从于组织的各种内部和外部的约束[61]。Morton 等学者[62]基于组织权变理论视角认为组织的有效性是通过将组织特征与突发事件相匹配而达成的，因此权变被定义为能够调节组织特性对组织绩效影响的任何变量。Burns 等学者[63]基于企业组织结构与市场的相互关系视角，提出不同类型企业的组织结构和管理方式具有明显的异质性，且这些企业在组织结构的设计和管理方式的选择上取决于某些环境因素，企业在进行组织结构变革和战略选择时必须根据具体的环境和条件。Ganescu[64]从权变理论与社会合作绩效关系视角出发，提出组织设计的最好方式取决于组织运行的环境，并且在解决企业实际问题过程中解决方案的有效性取决于解决方案所实施的条件或环境。Battilana 等学者[65]认为权变管理理论主要用于强调组织的变化、人类发展是怎样影响国家腐败、组织领导工作的落实、决定组织设计的方式等。在我国企业管理实践中，权变管理理论主要应用于领导方式、工作方式以及经营决策方式的权变，兼具传统管理理论和现代管理理论优点的权变管理理论对我国制造企业管理效能的提升以及推进制造业的转型升级具有重要的指导意义。

2.3 资源基础观

资源基础理论是一种充分了解企业和获取企业竞争策略的方法，它与企业竞争优势的相关理论有着密切的联系。Penrose 于 1959 年在《企业成长理论》一文中对企业的成长过程与其所拥有的资源之间的关系进行了研究，提出"即使是同行业的企业在本质上也是异质的"

第 2 章 理论基础

这一观点,为资源基础观的研究范式奠定了基础[66]。Wernerfelt 首次提出"资源基础观"这一概念,强调了企业资源对建立企业持续竞争优势的重要性[67]。

学术界对企业资源的定义十分宽泛,倾向于包括企业内部的所有事物。Barney 认为企业所有的资产、能力、组织流程、企业态度、信息以及知识等都属于企业资源[68];他认为具备战略重要性的资源应当具有价值性、稀缺性、不可模仿性、不可替代性等特性。企业在发展过程中面临机遇或威胁时能够做出有效性反应的企业资源的特性被称为价值性。许多企业共同拥有的资源并不是企业的竞争优势资源,即资源的稀缺性问题,只有稀缺性资源才能为企业创造独特的竞争优势。如果尚未拥有某项资源的企业无法完全模仿这项资源时,这项资源便成为企业可持续竞争优势的来源,即资源不可模仿性。不可替代性即在企业管理实践中不存在替代性的任何战略性的等价资源[69]。20 世纪 90 年代,资源基础理论通过 Hamel 和 Prahalad 所著的《为未来而竞争》一书进一步被人们广为熟知[70]。他们认为,从本质上而言,资源基础观将企业看作是一个"资源包",正是这种"资源"和它们进行组合的方式使企业具备异质性,并且每个企业都可以在市场中交付产品和服务。Rumelt[71]通过调查不同产业的企业利润差异,发现同一产业中的企业比不同产业间的企业的利润差异更大。这些发现表明企业自身的特殊差异,即异质性,是造成研究结果中所述差异结果的根本原因。赵道致等[72-73]基于资源观将影响企业运营的资源分为物质流、信息流、资金流以及知识流,并且提出当企业的资源具备客户价值性、竞争性、不可模仿复制性、可控性以及战略环境性时其对企业竞争优势的塑造才起重要的作用。除上面所述的资源特性之外,新资源基础观更加关注资源组合的创造性,李亮宇等[74]基于新资源基础观视角,认为企业的一些闲置资源与重点资源的创意组合对企业竞争优势的建立起着关键作用。资源基础理论假定在动态变化的市场环境中，企业的资源和能力是影响竞争优势塑造的主要因素。对于企业自身而言，如何创造企业的竞争优势、提升企业各项能力是一项重要的课题。因此，在制造业服务化背景下，制造企业需对自身可获取的战略资源进行理智分析和定位，从而决策出特色化的市场竞争策略和企业成长策略，促进制造企业服务化的顺利转型。

2.4 客户需求理论

继 Michael Porter 在《竞争优势》一书中提出竞争优势理论之后，许多学者和企业管理者为建立企业可持续竞争优势做出很多努力，但这些努力仍未触及企业生存与发展的根本，即客户需求。21世纪以来，新兴技术的快速发展以及经济全球化的快速蔓延致使企业所处的内外环境发生巨大变化，企业的经营模式随着组织环境的变化而发生变化，具体经历了基于企业生产资源的以有形产品为中心、基于市场需求的以竞争为中心、基于客户需求的以客户为中心的三种经营模式。这些变化促使学者和企业管理者将提升企业竞争力的视角由市场导向过渡到以客户需求为导向，并提出了一系列支撑理论和实践方法。

(1) 客户需求的内涵。

在对客户需求这一概念做整体界定之前，需要先对客户和需求这两个概念进行界定。学者们主要从以下几个方面对客户进行了定义：基于购买行为的发生情况视角，客户为购买来自商店或企业产品的人；基于交换意愿视角，客户指有特定的需要或欲望且愿意以交换形式满足需要或欲望的人[75]；基于消费能力视角，具备消费能力或消费潜力的人称之为客户[76]；ISO 9000 认为接受产品的组织或个人即为客户。需求在一定层面上讲属于心理层面的概念，《韦伯词典》认为需求是对有助于对迫切需求起作用的物品的渴求心理状态；Philip

Kotler 认为对引起渴求心理状态的物品具有支付能力且愿意购买的欲望则为需求。综上所述,客户需求可以界定为:愿意以交换方式满足自身的特定需要的人,对引起其渴求心理状态的物品同时具备购买能力和购买欲望[75]。

(2)客户需求的分类。

涉及客户需求类型研究的现有文献中主要有马斯洛需求层次理论、KANO 模型、基于产品生命周期的客户需求分类等成果。马斯洛需求层次理论将人的需求以金字塔形式呈现出来,由金字塔最低处向最高端依次分为生理需要、安全需要、社会需要、尊重需要以及自我实现需要,且生理需要一般最易满足,而自我实现需要最难实现[77];日本学者狩野纪昭基于双因素理论提出的 KANO 模型将客户需求分为基本需求、期望需求、兴奋需求、中立需求和相反需求五大类[78];王吉军等[79]基于产品生命周期视角,将客户需求与产品的生命周期相结合,把客户需求分为咨询需求、购买需求、使用需求、报废需求。

在制造企业进行服务化转型升级的大背景下,按照客户需求与企业有形产品的关系,可将客户需求分为产品导向需求、效用导向需求和服务导向需求。①产品导向需求是指通过实质拥有某一有形产品,以及享受围绕该产品的服务来满足的需求[80],它的满足不能离开有形产品的消费、使用及功能实现。如华为技术有限公司及其合作伙伴通过向客户提供华为手机售前咨询、售中介绍、售后维修、废旧手机回收及分期付款等服务所满足的需求就是产品导向需求。②效用导向需求是一种不以实质拥有某一有形产品为目标,通过租借等方式获得产品的使用效用,以及享受由产品传递的服务来满足的需求[81],它的满足依赖于租借期内有形产品的可用性和有效性。如罗尔斯·罗伊斯公司通过直接或间接向具有发动机使用需求却没有发动机购买意愿或能力的客户提供长期或短期租赁服务所满足的需求,就是效用导向需求。③服务导向需求是一种客户通过享有诸如整体解决方案等特定的服务结果或服务产出来满足的需求[82]，它的满足依赖于特定服务结果提供方或产出方的集成整合能力。如陕鼓动力股份有限公司通过出售整体解决方案和系统服务，为客户提供一揽子问题解决方案所满足的需求即为服务导向需求。客户需求作为塑造制造企业竞争力的重要着力点，对制造企业差异化竞争优势的建立起着重要作用，为制造企业的服务化转型提供了一些战略导向性的参考意见。

2.5　制造企业服务化的服务创新模型

制造企业的服务创新是制造企业围绕包含服务内容的整个产品生命周期的变化以及与客户互动关系的变化所进行的一切创新活动；是一种始终"直接或间接"与有形产品相关的创新，其在创新的来源、内容、流程、规律以及创新涉及的资源和价值模块等方面均有别于服务型企业的服务创新，制造企业服务创新演进的终极目标是纯服务创新型企业[83]。可以说，服务创新由于具有扩大消费需求、促进服务价值增值、提高产业生产效率的能力，已成为制造企业服务化的有效手段和实现方式。但是，在具体实践中，部分制造企业通过服务创新形成了差异化竞争优势，实现了服务化转型；部分却成了"服务化悖论"的验证实例。"服务化悖论"产生的重要原因之一是制造企业没有能够完全从本质上把握服务创新的模型和过程。结合客户需求理论及制造企业客户需求的分类，可提出一个包括客户需求挖掘与定位、服务创新资源评价、基于网络资源重组的服务创新、服务创新结果交付、服务创新成果巩固五个阶段及客户全程参与、沟通噪音消除两种支持活动的不断反复运行的制造企业服务化的服务创新模型。具体如图2-1所示。

第 2 章　理论基础

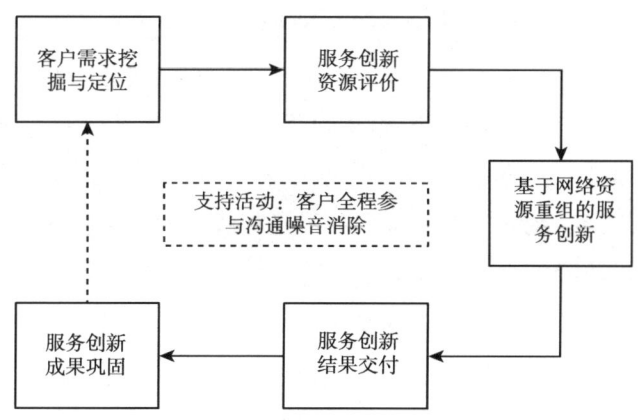

图 2-1　制造企业服务化的服务创新模型

(1) 客户需求挖掘与定位。

客户需求挖掘与定位是制造企业基于针对不同客户需求企业所需创造、交付与获得的价值也不同的理念，利用市场调查和信息管理系统等通过云计算和大数据处理来挖掘新的市场需求，并确认其是产品导向需求、效用导向需求、还是服务导向需求的过程。它是制造企业原有稳定制造模式被打破后快速响应市场的必经阶段。

(2) 服务创新资源评价。

客户需求定位后，制造企业首先必须与客户共同对满足这种需求所需的服务创新资源进行识别与评价；然后再对企业内部诸如技术资源、品牌资源、管理资源与渠道资源等具有稀缺性、不可复制性和内部通用性的资源进行识别、挖掘和评价；最后将两类资源进行对比分析，发现企业从事服务创新的资源"短板"[84]。对于产品导向需求，制造企业应重点对贯穿产品全生命周期的售前咨询、售中介绍、售后维修、废旧产品回收及分期付款等服务资源进行识别与评价[85]；对于效用导向需求，应重点对产品组合功能实现的服务资源、实时监控和在线维护等资源进行识别与评价；对于服务导向需求，则应重点对生成集成解决方案的关键、核心和不可替代资源进行识别与评价。

(3) 基于网络资源重组的服务创新。

基于网络资源重组的服务创新是制造企业在挖掘能够有效弥补服务创新资源中"短板"资源的基础上,借助协作网络中优势资源的高效配置以及核心竞争力的高度协调形成创新成果的过程[86]。对于产品导向需求,制造企业的服务创新是集成人力资源、物流资源和金融资源等生成能满足客户售前咨询、售中介绍、售后维修、废旧产品回收及分期付款等个性化服务需求的产品服务包的过程;对于效用导向需求,制造企业的服务创新是整合技术资源生成能满足客户通过租借方式获得所需功能组合产品及保障产品在合约期内可用性、安全性和有效性的产品服务包的过程;对于服务导向需求,制造企业的服务创新是整合企业内部资源与外部虚拟战略联盟盟友优势资源为客户生成复杂问题一揽子解决方案的过程。

(4) 服务创新结果交付。

服务创新结果交付是制造企业利用服务创新成果满足客户需求的过程。对于产品导向需求,制造企业通过向客户提供质量过硬的有形产品,并基于良好的相关配套服务协助其有效实现产品功能来完成创新结果的交付;对于效用导向需求,制造企业通过将有形产品组装打造成为能满足客户综合需求的实体,并在保证合约期内实体功能实现的前提下将其使用权让渡给客户来实现服务创新结果的交付;对于服务导向需求,制造企业通过将创新生成的一揽子解决方案提供给客户来实现创新结果的交付。

(5) 服务创新成果巩固。

服务创新成果巩固是制造企业对整个服务创新过程进行分析与反馈,扩大优势和弥补不足的过程。制造企业可以利用 AHP、模糊综合评价、数据包络分析或实证统计分析等方法[87],采用自我评价、合作方评价或客户评价等方式对服务创新进行终结性评价、过程性评价和标杆对比评价,从而在发现服务创新过程中存在的问题并对问题产生原因进行分析的基础上给出应对策略,以期提高下一周期的服务创新绩效。服务创新成果巩固并非服务创新的终结,而是下一个更高层次服务创新的开始。

(6) 支持活动。

服务创新是制造企业基于客户价值的实现获得企业价值的过程。在这一过程中,无论是客户需求挖掘与定位时的市场信息获取,还是创新资源评价时的分工作业,又或是资源网络重组创新时的资源共享,更或是创新结果交付与成果的巩固都离不开包括客户在内的利益相关者间的有效协调沟通,因此客户全程参与和沟通噪音消除是制造企业服务创新中的两项关键支持活动。具体而言,制造企业内部各单元及内外集成单元在集成过程中应采用多渠道沟通与沟通结果一致性检验的方法避免信息传递扭曲,以确保创新结果与客户需求相吻合。

2.6 政府干预理论

20 世纪 30 年代初,资本主义世界遭遇空前经济危机,凯恩斯的《就业、利息和货币通论》在此时应运而生,它不仅标志着宏观经济学的出现,也使得政府干预理论成为被广泛关注的焦点。在这本著作中,凯恩斯批判了市场机制能够自动保持总需求等于总供给的萨伊定律,认为市场不能很好地解决所有的问题,如果任由市场机制自发运作将会产生宏观经济的失衡,而这种经济的不均衡状态则需要通过政府的财税和金融政策来进行调节[88]。到了 20 世纪 80 年代,学者们将凯恩斯主义的基本思想和新古典主义的方法论相结合形成了新凯恩斯主义学派,其中的代表人物约瑟夫·斯蒂格里茨对政府干预理论进行了延伸和拓展,提出在市场不完备、信息不对称、竞争不完全的情况下,市场机制将不会达到资源配置的帕累托最优。斯蒂格里茨的观点打破了原先所认为的只有存在公共物品、市场外溢性以及自然垄断时才会造成市场失灵的局限性,指出市场失灵是普遍存在的,这为政府干预市场经济提供了广泛的理论和实践发展空间。

由政府干预理论可以得知,政府干预是市场失灵的结果,国家为应对经济发展问题而有意识地制定具有经济性质的政策法规,为市场发展充当着调控人的作用,缓和了市场失灵[89]。在全球制造企业服务化转型的背景下,由于"服务化悖论"现象的存在,许多制造企业为了规避风险,不愿主动进行服务化转型。除此之外,制造企业服务化转型同时具有很强的外部性,这种外部性既包括经济行为主体通过服务化转型为他人和社会带来利益而受益者无须花费代价的正外部性,也包括造成他人或社会受损而经济行为主体无须承担成本的负外部性[90]。但无论是正外部性还是负外部性,都有可能会导致市场的失灵,此时就必须由政府来进行干预。如果市场制度中没有政府这双无形的手对其进行适当的调控,会使得资源得不到优化配置,技术得不到更新,服务化发展和产业升级也很难进行。政府的宏观调控在一定程度上能够解决这些问题,同时还可以对市场起到有效引导、调节、激励、监督、规范等作用,有利于进一步推动制造企业服务化的发展和服务化绩效的提升。

基于制造企业服务化绩效
影响机理的服务化策略
研究
Chapter 3

第 3 章 制造企业服务化绩效评价指标体系研究

3.1 基于 BSC 的制造企业服务化绩效评价指标体系设计与量表开发

本节基于平衡计分卡系统，综合考量制造企业运营管理过程中的各关键成功因素，从财务、客户、内部运营、学习与成长四个层面构建制造企业服务化绩效评价指标体系。在此基础之上，针对评价指标体系所涉及的指标变量进行量表开发与设计。

3.1.1 制造企业服务化绩效评价指标选取原则

制造企业的一切活动都是为企业的目标所服务，构建制造企业服务绩效评价指标体系也要以企业的目标为基础，同时遵循如下原则：第一，定量指标与定性指标相结合，定量指标可以准确地进行数量定义与精准衡量，但是考虑到服务活动的特殊性，有些服务结果无法完全量化与计算，因此要定量指标与定性指标兼顾；第二，财务指标与非财务指标相结合，财务指标可以直观地反映制造企业服务化绩效的财务状况与经营结果，但由于服务活动的提供往往需要与客户保持长期的联系，只依靠财务指标无法全面反映制造企业在一定时期内所取得的服务成果，因此，制造企业要同时注重对成长绩效、市场绩效等非财务性指标的考核；第三，全局指标与局部指标相结合，指标体系的涵盖范围要全面，既要包括全局性指标，又要包括局部性指标，克服指标覆盖不全面而造成的评估偏差；第四，长期指标与短期指标相结合，不能只关注近期服务工作成效而忽视长远利益。

3.1.2 基于平衡计分卡的服务化绩效指标设计

平衡计分卡（Balanced Score Card，BSC），最早由哈佛大学教授罗

第3章 制造企业服务化绩效评价指标体系研究

伯特·卡普兰和诺朗顿研究院执行长大卫·诺顿于20世纪90年代初提出，是一种与企业的战略目标紧密结合，能够充分体现企业财务和非财务、短期和长期、内部和外部、过程和结果之间平衡优势的绩效评价系统[91]，其本质目的是将企业战略分解为可量化和衡量的评价指标。

本节以平衡计分卡为基础，结合制造企业服务化转型的战略目标和企业运营管理过程中的各关键成功因素，构建制造企业服务化绩效评价框架。由于平衡计分卡的四个维度不能被直接观测，因此还需要进一步对相关指标进行整理与筛选，选择出可被观测的指标，形成完整的评价指标体系[92]。制造企业服务化绩效评价指标体系的设置具体见表3-1。

表3-1 基于平衡计分卡的制造企业服务化绩效评价指标

一级指标	二级指标	指标说明
财务	产品服务销售增长率 服务收益比率 税前平均利润率 经济增加值	企业实施服务化带来的产品和服务销售额的增长情况 企业服务收益占总收益的比率 企业息税前以自有资金每投入一元所获得的平均利润 企业经核定的税后净营业利润
客户	市场占有率 客户满意度 客户保持率	企业产品和服务销售量（额）在市场同类产品中所占的比重 目标客户期望值与客户体验的匹配程度 企业继续保持与老客户交易关系的比例
内部运营	产品服务质量 内部协调能力 供应链管理水平 组织适应性	企业所提供的产品和服务的优劣程度 企业内部各部门以及员工之间的沟通、协调和配合能力 企业对供应商、服务中介机构等合作伙伴的组织和管理能力 企业对服务化战略的适应性和转变的灵活性
学习与成长	员工创新能力 员工服务技能培训率 知识信息共享程度 奖励机制完善程度	企业员工改进或创造新的产品和服务的能力 企业中参加服务技能培训的人数占总人数的比例 企业服务化信息、知识等核心优势竞争资源的流通和共享程度 企业持续激发员工动力的体制的完善程度

财务视角：财务维度下服务型制造企业的关键成功因素是提高产品和服务的销售利润。这一维度的评价指标要与企业的盈利能力相关并能够反映和衡量制造企业实施服务化所能带来的收益和经济结果。因此可以选取产品服务销售增长率、服务收益比率、税前平均利润率以及经济增加值四项指标对制造企业服务化绩效的财务视角进行测评。

客户视角：客户维度下服务型制造企业的关键成功因素是扩大业务规模、争取和保持更广泛的目标客户群体。这一维度的评价指标要体现客户在制造企业运营过程中的重要性并能够反映和衡量制造企业实施服务化是否能够满足目标客户的需求。因此可以选取市场占有率、客户满意度与客户保持率三项指标对制造企业服务化绩效的客户视角进行测评。

内部运营视角：内部运营维度下服务型制造企业的关键成功因素是提高产品服务的质量水平和组织内外部的高效协作。这一维度的评价指标要能够反映和衡量制造企业的相关流程是否能够最大程度地满足服务化战略要求以及各利益相关者的目标。因此可以选取产品服务质量、内部协调能力、供应链管理水平、组织适应性四项指标对制造企业服务化绩效的内部运营视角进行测评。

学习与成长视角：学习与成长维度下服务型制造企业的关键成功因素是提高员工的能力和员工的满意度。这一维度的评价指标要反映和衡量制造企业是否愿意为了实现服务化战略和长期的业绩而对未来进行投资，是否能够为其他三个维度目标的达成提供基础，因此可以选取员工创新能力、员工服务技能培训率、知识信息共享程度以及奖励机制完善程度四项指标对制造企业服务化绩效的学习与成长视角进行测评。

3.1.3 制造企业服务化绩效评价的量表开发

量表的开发与设计是实证研究的前提，在构建了基于平衡计分卡的制造企业服务化绩效评价指标体系之后，首先，针对评价指标体系所涉及的指标变量进行量表的开发与设计；其次，经过与相关领域专家讨论与修改形成制造企业服务化绩效的调查问卷；最后，通过问卷调查收集数据，并对数据样本的信度和效度进行检验。

（1）问卷基本情况。

调查问卷需要具备内容的完整性和结构的合理性，所选择题项要能够有效地反映观测变量。本调查问卷内嵌于制造企业服务化绩效及影响因素调查问卷之中，是该问卷核心内容的第一部分。调查问卷共由三部分组成：①卷首语部分，主要包括本次调查的目的、填答要求以及保密措施等；②基本信息部分，主要涵盖公司成立时间、所有制类别、主导业务所在制造业的分类、公司年度销售额等基本特征信息；③问卷主体部分，即制造企业服务化绩效评价调查问卷，主要包括各观测变量涉及的相关题项。其中，各题项的设置均采用李克特五分制评分量表，对相关描述语句的同意程度分别用 1~5 表示：1 代表"非常不同意"，2 代表"基本不同意"，3 代表"一般"，4 代表"基本同意"，5 代表"非常同意"。

（2）量表的开发与设计。

根据制造企业服务化绩效评价指标体系，本书遵照 Churchill 提出的测量项目生成方法与原则进行量表设计，构建了四个维度量表，即财务维度量表、客户维度量表、内部运营维度量表、学习与成长维度量表，力求保证量表的设计具备充分的理论基础[93-94]；随后，通过借鉴类似研究成果，并与相关领域专家进行协商与讨论，最终形成制造企业服务化绩效评价量表。

①财务维度量表。

财务维度（Financial Dimension，FD）是制造企业进行服务化绩效评价时必不可少的核心性维度。一般情况下，财务性指标主要衡量的是企业的成长能力、盈利能力、经营能力以及偿债能力等方面。本书根据制造企业的服务化特征，选取的财务指标主要衡量了制造企业产品销售收入与服务销售收入的成长能力、资本有效利用的经营能力以及获取利润的盈利能力[95]。主要根据以下四个问项来测量：

FD1：本企业的产品销售额与服务销售额增长率比较高；

FD2：本企业的服务收入占总收入的比重较高；

FD3：本企业的税前平均利润率较高；

FD4：本企业的税后净营业利润较大。

②客户维度量表。

客户维度（Customer Dimension，CD）是制造企业进行服务化转型时服务特征具体体现的载体。客户需求是否被满足以及客户对制造企业"产品+服务"提供物的质量与服务态度是否满意直接关系到制造企业提供物的市场占有率以及客户的满意度和忠诚度。因此，客户是制造企业进行绩效评价时需要关注的一个核心角色。本书选取的客户维度指标主要衡量了制造企业"产品+服务"提供物的市场份额量、客户对"产品+服务"提供物的满意度和忠诚度[96]。主要根据以下三个问项来测量：

CD1：本企业的市场份额不断扩大；

CD2：客户对本企业提供的"产品+服务"的满意度高；

CD3：客户对本企业提供的"产品+服务"的忠诚度高。

③内部运营维度量表。

内部运营维度（Internal Operation Dimension，IOD）是制造企业进行服务化绩效评价时的基础性维度，主要测度制造企业的内部业务运作能力。制造企业的内部运营绩效主要取决于其核心产品与服务的竞争力，即产品服务特性与质量；制造企业内部组织结构灵活高效地运转、部门间协调能力的加强以及供应链条中各组成部分之间良好关系的维系等对制造企业内部运营绩效的提升起着基础性作用[97-98]。因此，本书选取的内部运营维度指标主要衡量了制造企业的产品服务质量、内部协调能力、供应链管理水平以及组织的适应性等方面。主要根据以下四个问项来测量：

IOD1：本企业提供的"产品+服务"的质量和性能达到或超过了客户预期；

IDO2：本企业内部协调能力得到了加强；

IDO3：本企业与供应商、客户、合作伙伴间建立了良好且密切的合作关系；

IDO4：本企业能够快速根据环境的变化调整经营目标。

第3章 制造企业服务化绩效评价指标体系研究

④学习与成长维度量表。

学习与成长维度（Learning and Growth Dimension，LGD）是制造企业服务化绩效评价的发展性维度，主要为其他三个维度目标的实现、持续利润的创造以及人员素质的提升提供基础要素，强调对员工绩效的测度，如：员工满意度、创新能力和技能培训等方面[99]。此外，针对制造企业转型过程中的服务特征，企业对员工的创新能力、服务技能培训情况以及学习与成长环境氛围的测度显得尤为重要[97]。因此，本书选取的学习与成长维度指标主要衡量了制造企业内部员工的创新能力、服务技能培训率、知识信息共享程度以及奖励机制的完善程度。主要根据以下四个问项来测量：

LGD1：本企业提供的"产品+服务"个性化水平很高；

LGD2：本企业员工服务技能培训率高；

LGD3：本企业跨部门间经常自由分享知识；

LGD4：本企业拥有较为完善的员工奖励机制。

（3）数据的收集与处理。

本书以服务化转型的制造企业为调查对象。在山西师范大学MPA中心学员，尤其是在国税和地税部门工作的学员及经济与管理学院已经参加工作的本科毕业生、硕士毕业研究生的协助下，从2015年9月到2015年12月，采用滚雪球抽样的方法确定被调查对象，通过实地访问、社交平台文档传输等途径向被调查对象发放和回收调查问卷。为了便于数据的收集，本书将制造企业服务化绩效评价调查问卷与后面的制造企业服务化绩效影响因素调查问卷进行了整合，得到了制造企业服务化绩效及其影响因素的调查问卷，并进行统一发放和回收，具体研究样本的描述性统计分析见表3-2。本次调查共发放150份调查问卷，回收问卷128份，回收率为85%；除去未将服务视为重要利润来源制造企业填写的调查问卷和其他无效问卷，有效问卷116份，有效参加率为77%。数据的处理分析主要使用的是 SPSS 21.0 与 AMOS 17.0 两种统计分析软件。

表 3-2 研究样本的描述性统计分析

变量	项目	频数	百分比（%）
成立时间	5 年以下	13	11.2
	5~10 年以下	15	12.9
	10~15 年以下	25	21.6
	15~20 年以下	18	15.5
	20 年以上	45	38.8
所有制形式	国有企业	19	16.4
	三资企业	1	0.9
	合伙企业	5	4.3
	有限责任公司	54	46.6
	有限股份公司	27	23.3
	个人企业	10	8.6
员工人数	50 人以下	13	11.2
	50~100 人以下	16	13.8
	100~300 人以下	19	16.4
	300~1000 人以下	13	11.2
	1000~2000 人以下	18	15.5
	2000~5000 人以下	16	13.8
	5000 人以上	21	18.1
所属行业分类	装备制造业	40	34.5
	汽车制造业	5	4.3
	纺织或服装制造业	19	16.4
	食品、饮料、茶或烟草制造业	5	4.3
	家具或文具制造业	6	5.2
	金属或矿物制品加工业	5	4.3
	橡胶、塑料、化纤制造业	3	2.6
	医药制造业	21	18.1
	石油或化工制造业	2	1.7
	计算机、通信、仪表或电子设备制造业	6	5.2
	其他制造业	4	3.4

第3章 制造企业服务化绩效评价指标体系研究

为了保证调查问卷测量结果的可靠性与有效性，在对调查数据进行缺失值处理的基础上，对数据样本进行了信度与效度分析。

1) 信度分析。

内部一致性信度也被称为内部一致性系数，用来测量反映同一指标变量的多个题项之间的一致性程度。内部一致性信度一般使用Cronbach's α 系数和组合信度 ρ_c 系数来进行评价，本书运用SPSS21.0统计分析软件计算量表的Cronbach's α 系数和组合信度 ρ_c 系数。具体结果见表3-3所示。

表3-3　　　　　　　内部一致性信度系数

测量指标	问项数	Cronbach's α 系数	组合信度 ρ_c 系数
财务（FD）	4	0.811	0.823
客户（CD）	3	0.847	0.842
内部运营（IOD）	4	0.838	0.821
学习与成长（LGD）	4	0.832	0.812

由表3-3可知，调查问卷中财务、客户、内部运营、学习与成长各维度量表的 Cronbach's α 系数处于 0.811~0.847 之间，均在 0.80 以上；组合信度 ρ_c 系数处于 0.812~0.842 之间，均超过 0.70 的最低要求，表明本书中所开发和使用的量表具有较好的内部一致性信度。

2) 效度分析。

效度即研究者所使用的测量工具反映被测量事物的准确性和有效性的程度，本书主要从内容效度和结构效度对量表进行效度检验。

内容效度即量表编制目标与量表内容之间相符的程度。制造企业服务化绩效评价量表的开发是在学习、总结前人研究成果的前提下，参考和借鉴具备一定理论基础的相关量表进行的，且与相关领域专家讨论与修正后才得到最终量表，因此在一定程度上确保量表具有良好的内容效度。

聚合效度也被称为内敛效度、收敛效度，反映了运用不同测量方法测定同一特征时测量结果的相似程度。聚合效度一般使用平均变异数抽取量（AVE）来进行评价，它表示相较于测量误差变异量的大小，潜变量的构念所能解释显变量变异量的程度，以符号 ρ_v 表示。若 ρ_v 值在 0.50 以上，表示显变量可以有效反映其潜变量，潜变量具有良好的效度。各量表的 AVE 计算结果见表 3-4。

表 3-4　　　　　　平均变异数抽取量（AVE）值

维度（潜变量）	指标（显变量）	AVE(ρ_v)
财务维度（FD）	FD1	0.5405
	FD2	
	FD3	
	FD4	
客户维度（CD）	CD1	0.6420
	CD2	
	CD3	
内部运营维度（IOD）	IOD1	0.5362
	IOD2	
	IOD3	
	IOD4	
学习与成长维度（LGD）	LGD1	0.5201
	LGD2	
	LGD3	
	LGD4	

根据计算结果可以发现，各维度的 ρ_v 值处于 0.5201~0.6420 之间，均超过了其最低可接受的临界值 0.50 的水平要求，说明本书所开发的量表中各指标能够有效反映各个维度，整体上具有良好的聚合效度，内在质量较为理想。此调查问卷所收集的数据样本可以用于制造企业服务化绩效评价的实证分析。

3.2 基于AHP的制造企业服务化绩效评价指标权重分配

考虑到基于平衡计分卡的制造企业服务化绩效评价指标体系同时包括定性和定量指标，且整体上呈由上至下的层次递阶结构，本节使用层次分析法对制造企业服务化绩效评价指标的权重进行分配。

3.2.1 层次分析法的基本步骤

层次分析法（Analytic Hierarchy Process，AHP），最早由美国运筹学家、匹茨堡大学教授萨蒂于20世纪70年代初提出，是一种将与复杂问题相关的元素分解成为目标、准则、方案等层次，并在此基础之上进行定性与定量分析的、主观与客观相结合的决策方法，其本质目的是达到决策思维过程的数学化[100]。使用层次分析法确定制造企业服务化绩效评价指标权重的基本步骤为：（1）建立层次结构模型；（2）构建和计算两两比较判断矩阵；（3）一致性检验和确认评价指标权重；（4）得出制造企业服务化绩效得分综合公式。

3.2.2 层次结构模型的建立

根据萨蒂的理论，将层次结构分为目标层、准则层和方案层，建立层次结构模型。其中，目标层为制造企业服务化绩效，准则层为平衡计分卡的财务、客户、内部运营、学习与成长四个维度，方案层为各维度下若干二级绩效评价指标，从而将问题转化为多因素之间重要性的排序问题。层次结构模型具体如图3-1所示。图中各变量分别赋予符号表示，以简化后面分析。

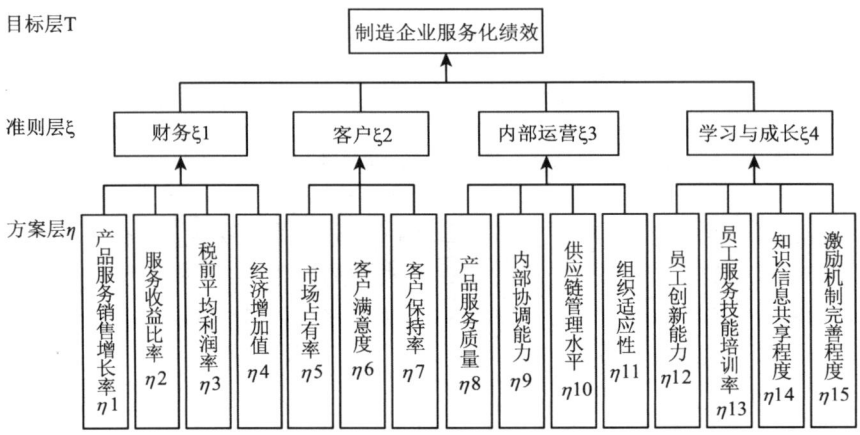

图3-1 层次结构模型

3.2.3 两两比较判断矩阵的构建和计算

一般来说，两两比较判断矩阵经过专家咨询而获得，为了尽量避免和减少单一专家主观偏好的影响，本书通过访谈和问卷法邀请多名制造企业服务化领域相关研究学者、政府职能部门人员、企业管理者等，根据所建立的层次结构模型，以上一层次为准则对下一层次中受其影响和支配的各项指标的重要性进行两两比较，并采用1~9比率标度法对比较结果进行打分[101]，各分值的含义具体见表3-5。

表3-5　　　　　　1~9比率标度法

标度 A_{ij}	元素 i 与元素 j 比较
1	元素 i 与元素 j 同等重要
3	元素 i 比元素 j 稍微重要
5	元素 i 比元素 j 明显重要
7	元素 i 比元素 j 非常重要
9	元素 i 比元素 j 极端重要
2, 4, 6, 8	介于上述两相邻标度之间
倒数 $1/n$ ($n=1, 2, \cdots, 9$)	元素 i 与元素 j 相比重要性为 A_{ij}，则元素 j 与元素 i 相比重要性 $A_{ji} = 1/A_{ij}$

第3章 制造企业服务化绩效评价指标体系研究

经过多次咨询协商与沟通调整后,对各专家给出的判断矩阵的元素求平均数,求平均数所得结果仍按照1~9比率标度法的原则取近似值,得到最终的判断矩阵集。然后,根据各判断矩阵计算每一准则支配下的若干元素对该准则的相对权重,即解决单准则下的排序问题。一般来说,求解判断矩阵包括根法、和法、幂法三种近似计算方法,本书采取根法进行计算,具体步骤如下:

(1) 将任意一个判断矩阵 A 中每行所有元素相乘并开 m 次方:$W_i^* = \sqrt[m]{\prod_{j=1}^{m} a_{ij}}$,得到方根向量为:

$$W^* = (W_1^*, W_2^*, \cdots, W_m^*) \tag{3-1}$$

(2) 将方根向量 W^* 归一化处理:$W_i = W_i^* / \sum_{i=1}^{m} W_i^*$,得到权重向量,也就是各因素的相对权重为:

$$W = (W_1, W_2, \cdots, W_m)^T \tag{3-2}$$

(3) 计算判断矩阵 A 的最大特征值 λ_{max}:

$$\lambda_{max} = \frac{1}{m} \sum_{i=1}^{m} \frac{(AW)_i}{W_i} \tag{3-3}$$

两两比较判断矩阵及具体计算结果见表3-6~表3-10。

表3-6　　　　判断矩阵 $T-\xi$

$T-\xi$	$\xi 1$	$\xi 2$	$\xi 3$	$\xi 4$	W_i	一致性检验
$\xi 1$	1	1/3	3	1/2	0.188	$\lambda_{max} = 4.174$ CI = 0.059 RI = 0.9 CR = 0.065 < 0.1
$\xi 2$	3	1	3	1	0.387	
$\xi 3$	1/3	1/3	1	1/2	0.109	
$\xi 4$	2	1	2	1	0.316	

表 3-7　　　　　判断矩阵 $\xi1-\eta$

$\xi1-\eta$	$\eta1$	$\eta2$	$\eta3$	$\eta4$	W_i	一致性检验
$\eta1$	1	2	3	1/3	0.242	$\lambda_{max}=4.105$ CI=0.035 RI=0.9 CR=0.039<0.1
$\eta2$	1/2	1	1	1/5	0.114	
$\eta3$	1/3	1	1	1/3	0.117	
$\eta4$	3	5	3	1	0.527	

表 3-8　　　　　判断矩阵 $\xi2-\eta$

$\xi2-\eta$	$\eta5$	$\eta6$	$\eta7$	W_i	一致性检验
$\eta5$	1	1/5	1/7	0.072	$\lambda_{max}=3.065$ CI=0.036 RI=0.58 CR=0.062<0.1
$\eta6$	5	1	1/3	0.279	
$\eta7$	7	3	1	0.649	

表 3-9　　　　　判断矩阵 $\xi3-\eta$

$\xi3-\eta$	$\eta8$	$\eta9$	$\eta10$	$\eta11$	W_i	一致性检验
$\eta8$	1	3	5	1	0.398	$\lambda_{max}=4.066$ CI=0.023 RI=0.9 CR=0.025<0.1
$\eta9$	1/3	1	3	1/3	0.154	
$\eta10$	1/5	1/3	1	1/4	0.073	
$\eta11$	1	3	4	1	0.376	

表 3-10　　　　　判断矩阵 $\xi4-\eta$

$\xi4-\eta$	$\eta12$	$\eta13$	$\eta14$	$\eta15$	W_i	一致性检验
$\eta12$	1	5	5	3	0.563	$\lambda_{max}=4.218$ CI=0.074 RI=0.9 CR=0.082<0.1
$\eta13$	1/5	1	4	2	0.215	
$\eta14$	1/5	1/4	1	1/2	0.076	
$\eta15$	1/3	1/2	2	1	0.145	

3.2.4　一致性检验和评价指标权重的确认

一致性检验是为了避免专家在打分时存在有违常识的判断，比较判断矩阵若过于偏离一致性，那么所求得的权重向量也就不具有说服性和现实性，需要进一步对比较判断矩阵做适当修正。一致性检验的具体步骤为：

（1）计算一致性指标：

$$CI = \frac{\lambda_{max} - m}{m - 1} \quad (3-4)$$

（2）计算一致性比率：

$$CR = \frac{CI}{RI} \quad (3-5)$$

其中，RI 为随机指标。

表 3-11 给出了当矩阵阶数为 1~8 时相对应的平均随机一致性指标（RI）。通过计算，当 $CR < 0.1$ 时，认为比较判断矩阵的一致性是可以接受的。本书所确定的比较判断矩阵均通过了一致性检验，一致性比率 CR 值的计算结果见表 3-6~表 3-10，因此，计算求得的权重向量 W_i 可以作为制造企业服务化绩效各评价指标的权重。

表 3-11　　　　平均随机一致性指标 RI

矩阵阶数	1	2	3	4	5	6	7	8
RI	0	0	0.58	0.90	1.12	1.24	1.32	1.41

3.2.5　基于 AHP 的制造企业服务化绩效综合得分

根据上面的计算结果，可以得出制造企业服务化绩效评价的综合得分公式为：

$$Y = \sum_{i=1}^{n} W_i U_i \quad (3-6)$$

其中 Y 为制造企业服务化绩效，U_i 为制造企业中各评价指标的实际赋值，W_i 为指标 U_i 的权重系数，制造企业服务化绩效评价指标的具体权重见表 3-12。

表 3–12　基于层次分析法的制造企业服务化绩效评价指标体系权重

	一级指标	一级指标权重系数	二级指标	二级指标权重系数
制造企业服务化绩效评价	财务 ξ_1	0.188	产品服务销售增长率 η_1	0.242
			服务收益比率 η_2	0.114
			税前平均利润率 η_3	0.117
			经济增加值 η_4	0.527
	客户 ξ_2	0.387	市场占有率 η_5	0.072
			客户满意度 η_6	0.279
			客户保持率 η_7	0.649
	内部运营 ξ_3	0.109	产品服务质量 η_8	0.398
			内部协调能力 η_9	0.154
			供应链管理水平 η_{10}	0.073
			组织适应性 η_{11}	0.376
	学习与成长 ξ_4	0.316	员工创新能力 η_{12}	0.563
			员工服务技能培训率 η_{13}	0.215
			知识信息共享程度 η_{14}	0.076
			激励机制完善程度 η_{15}	0.145

3.3　基于 SEM 的制造企业服务化绩效评价指标权重分配

层次分析法要求相关领域专家以及权威人士对所取评价指标的重要性进行两两比较和打分，反映的是制造企业服务化绩效评价指标权重分配的应然问题，具有较强主观性。本节将运用结构方程模型的验证性因子分析技术确定各指标得分系数，解决制造企业服务化绩效评价指标权重分配的实然问题。

3.3.1　结构方程模型的分析原理

相对于传统的统计方法而言，瑞典的统计学家、心理测量学家

Karl G. Jorekog 所提出的结构方程模型（Structural Equation Modeling, SEM）是一种可以将测量与分析整合为一体的计量研究技术，它集假设方程式、结构模型分析于一体，利用一定的统计分析技术，根据理论模型与观测数据之间的对等程度对理论模型进行评价，以达成定量研究实际问题的目的。它可以同时分析估计模型中的可观测变量和潜在变量，也可以估计测量过程中可观测指标的测量误差。在 SEM 中主要运用两种变量：观测变量和潜在变量。能够直接被测量的变量即观测变量；无法直接测量的变量即潜在变量，根据其因果属性，作为"因"的潜在变量即外因潜在变量或自变量，作为"果"的潜在变量即内因潜在变量或因变量。SEM 由测量模型和结构模型组成，测量模型体现观测变量与潜在变量间的关系，结构模型体现潜在变量之间的关系[102]。

$$X = \Lambda_X \xi + \delta \qquad (3-7)$$

$$Y = \Lambda_Y \eta + \varepsilon \qquad (3-8)$$

$$\eta = B\eta + \Gamma\xi + \zeta \qquad (3-9)$$

其中，(3-7)(3-8) 两式为测量模型方程式，(3-9) 式为结构模型方程式。其中，ξ 和 η 分别为外因潜在变量和内因潜在变量；X 和 Y 分别为 ξ 和 η 的观测变量；Λ_X 和 Λ_Y 分别为观测变量 X 和 Y 的因素负荷量；δ 和 ε 为测量方程的误差项；B 为内因潜在变量间有方向性的回归系数；Γ 为外因潜在变量对内因潜在变量影响的回归系数；ζ 为结构方程的残差项；并且，δ 与 ξ、η、ε 不相关，ε 与 ξ、η、δ 同样不相关，ζ 与 ε、δ、ξ、η 也不相关。

3.3.2 制造企业服务化绩效评价结构方程模型的构建

根据基于平衡计分卡的制造企业服务化绩效评价指标体系，本书运用 AMOS 17.0 所构建的服务化绩效评价结构方程概念模型如图 3-2 所示。在图中，财务维度 ξ_1、客户维度 ξ_2、内部运营维度 ξ_3、学习与

成长维度 $\xi 4$ 属于 SEM 中的内因潜在变量，财务维度 $\xi 1$ 的反映性观测变量为产品/服务销售增长率 $\eta 1$、服务收益比率 $\eta 2$、税前平均利润率 $\eta 3$、经济增加值 $\eta 4$；客户维度 $\xi 2$ 的反映性观测变量为市场占有率 $\eta 5$、客户满意度 $\eta 6$、客户保持率 $\eta 7$；内部运营视角 $\xi 3$ 的反映性观测变量为产品服务质量 $\eta 8$、内部协调能力 $\eta 9$、供应链管理水平 $\eta 10$、组织适应性 $\eta 11$；学习与成长视角 $\xi 4$ 的反映性观测变量为员工创新能力 $\eta 12$、员工服务技能培训率 $\eta 13$、知识信息共享程度 $\eta 14$、奖励机制完善程度 $\eta 15$。$\delta 1$ 到 $\delta 15$ 分别为 15 个观测变量的测量误差项；$\zeta 1$ 到 $\zeta 4$ 分别为 4 个内因潜在变量的残差项。

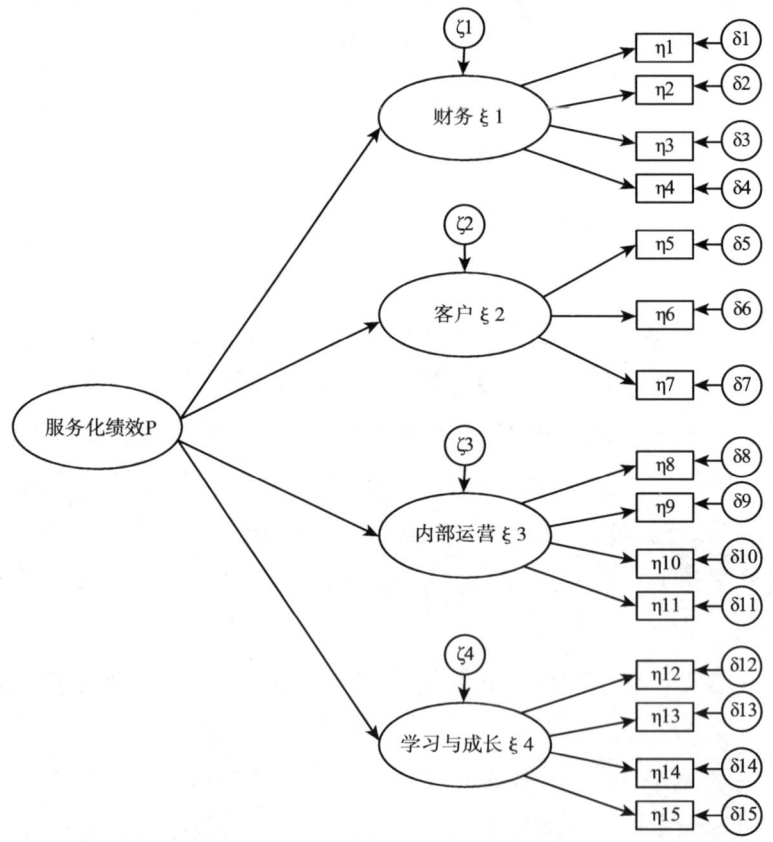

图 3-2　服务化绩效评价结构方程概念模型

通过运用 AMOS17.0 使用验证性因子分析方法对模型拟合情况进行检验，模型拟合指数见表 3-13，P 值大于 0.05，接受虚无假设；卡方自由度比值大于 1 小于 2；GFI、CFI、IFI 参数值均大于 0.9 且接近于 1；RMSEA 值小于 0.08；RMR 值小于 0.05；虽然 AGFI、NFI 值未大于 0.9，但从模型与实际数据的整体配适度来看也可以接受；总体来说，模型整体适配度较好。

表 3-13　　　　　　　　模型拟合指数

拟合参数	χ^2/DF	P	RMR	RMSEA	GFI	AGFI	CFI	IFI	NFI
参数值	1.163	0.143	0.041	0.038	0.906	0.866	0.976	0.977	0.869

3.3.3　评价指标得分系数的确认

为便于后面简洁呈现权重计算方法，现对因子载荷值进行定义。在模型中，财务维度 ξ_1、客户维度 ξ_2、内部运营维度 ξ_3、学习与成长维度 ξ_4 四个内因潜在变量由 15 个观测变量进行反映，假设模型中内因潜在变量的个数为 j（$j=1，2，3，4\cdots$）；观测变量有 i 个（$i=1，2，3，4\cdots$）；就此模型而言，当 $j=1$，i 取值为 1，2，3，4；$j=2$ 时，i 取值为 5，6，7；$j=3$ 时，i 取值为 8，9，10，11；$j=4$ 时，i 取值为 12，13，14，15；内因潜在变量 ξ_j 与其相应观测变量 η_i 之间的关系可表示为 λ_{ij}；同理，外因潜在变量绩效 P 与内因潜在变量 ξ_j 之间的关系用 γ_{j1} 来表示[103]。然后将收集到的观察数据运用 AMOS 统计分析软件进行运算，得到每条路径上的标准化因子载荷值，即 γ_{11}，γ_{21}，γ_{31}，γ_{41}，λ_{11}，λ_{21}，λ_{31}，λ_{41}，λ_{52}，λ_{62}，λ_{72} 等因子载荷值。基于平衡计分卡和结构方程模型标准化后的服务化绩效评价体系模拟结果如图 3-3 所示。

根据各个指标的相关系数，可以运用表 3-14 所示的方法计算各级指标的权重系数，对制造企业的服务化绩效进行评价。

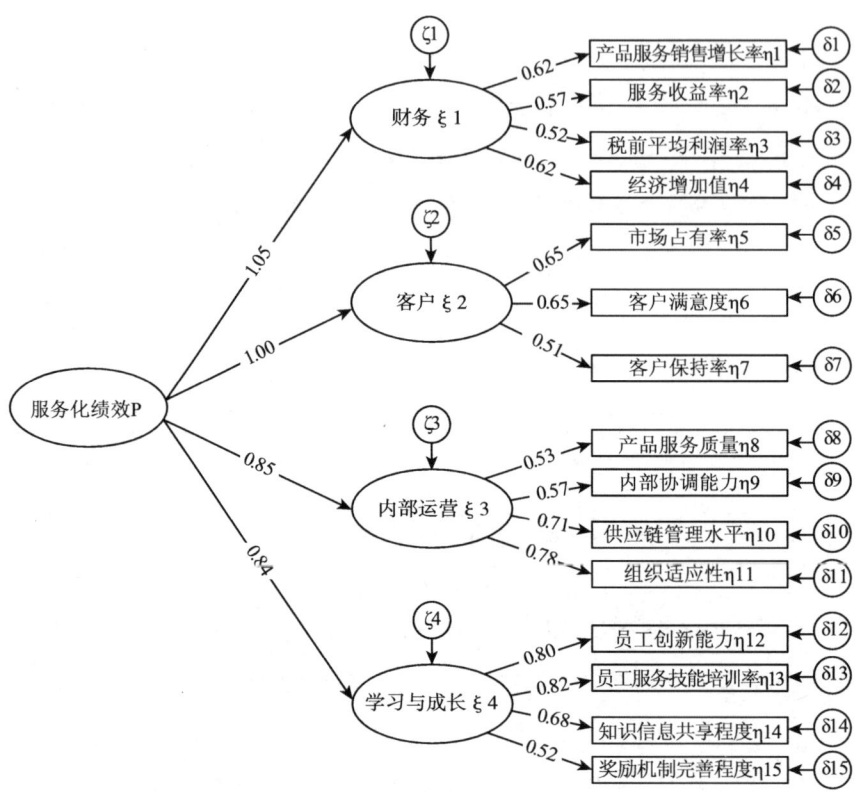

图3-3 服务化绩效评价结构方程模拟结果

表3-14 指标权重计算方法[104]

一级指标	二级指标	一级指标权重系数	二级指标权重系数
财务视角 ξ_1	产品服务销售增长率 η_1	$\gamma_{11}/(\gamma_{11}+\gamma_{21}+\gamma_{31}+\gamma_{41})$	$\lambda_{11}/(\lambda_{11}+\lambda_{21}+\lambda_{31}+\lambda_{41})$
	服务收益率 η_2		$\lambda_{21}/(\lambda_{11}+\lambda_{21}+\lambda_{31}+\lambda_{41})$
	税前平均利润率 η_3		$\lambda_{31}/(\lambda_{11}+\lambda_{21}+\lambda_{31}+\lambda_{41})$
	经济增加值 η_4		$\lambda_{41}/(\lambda_{11}+\lambda_{21}+\lambda_{31}+\lambda_{41})$
客户视角 ξ_2	市场占有率 η_5	$\gamma_{21}/(\gamma_{11}+\gamma_{21}+\gamma_{31}+\gamma_{41})$	$\lambda_{52}/(\lambda_{52}+\lambda_{62}+\lambda_{72})$
	客户满意度 η_6		$\lambda_{62}/(\lambda_{52}+\lambda_{62}+\lambda_{72})$
	客户保持率 η_7		$\lambda_{72}/(\lambda_{52}+\lambda_{62}+\lambda_{72})$

续表

一级指标	二级指标	一级指标权重系数	二级指标权重系数
内部运营视角 ξ_3	产品服务质量 η_8	$\gamma_{31}/(\gamma_{11}+\gamma_{21}+\gamma_{31}+\gamma_{41})$	$\lambda_{83}/(\lambda_{83}+\lambda_{93}+\lambda_{103}+\lambda_{113})$
	内部协调能力 η_9		$\lambda_{93}/(\lambda_{83}+\lambda_{93}+\lambda_{103}+\lambda_{113})$
	供应链管理水平 η_{10}		$\lambda_{103}/(\lambda_{83}+\lambda_{93}+\lambda_{103}+\lambda_{113})$
	组织适应性 η_{11}		$\lambda_{113}/(\lambda_{83}+\lambda_{93}+\lambda_{103}+\lambda_{113})$
学习与成长视角 ξ_4	员工服务创新能力 η_{12}	$\gamma_{41}/(\gamma_{11}+\gamma_{21}+\gamma_{31}+\gamma_{41})$	$\lambda_{124}/(\lambda_{124}+\lambda_{134}+\lambda_{144}+\lambda_{154})$
	员工服务技能培训率 η_{13}		$\lambda_{134}/(\lambda_{124}+\lambda_{134}+\lambda_{144}+\lambda_{154})$
	知识信息共享程度 η_{14}		$\lambda_{144}/(\lambda_{124}+\lambda_{134}+\lambda_{144}+\lambda_{154})$
	奖励机制完善程度 η_{15}		$\lambda_{154}/(\lambda_{124}+\lambda_{134}+\lambda_{144}+\lambda_{154})$

3.3.4 基于 SEM 的制造企业服务化绩效综合得分

将图 3-3 的模拟结果与表 3-14 的计算方法相结合，可得到服务化绩效评价的具体步骤[8]：

$$财务维度 = [0.62/(0.62+0.57+0.52+0.62)] \times 产品服务销售增长率$$
$$+ [0.57/(0.62+0.57+0.52+0.62)] \times 服务收益率$$
$$+ [0.52/(0.62+0.57+0.52+0.62)] \times 税前平均利润率$$
$$+ [0.62/(0.62+0.57+0.52+0.62)] \times 经济增加值$$

(3-10)

$$客户维度 = [0.65/(0.65+0.65+0.51)] \times 市场占有率$$
$$+ [0.65/(0.65+0.65+0.51)] \times 客户满意度$$
$$+ [0.51/(0.65+0.65+0.51)] \times 客户保持率$$

(3-11)

$$内部运营维度 = [0.53/(0.53+0.57+0.71+0.78)] \times 产品服务质量$$
$$+ [0.57/(0.53+0.57+0.71+0.78)] \times 内部协调能力$$
$$+ [0.71/(0.53+0.57+0.71+0.78)] \times 供应量管理水平$$
$$+ [0.78/(0.53+0.57+0.71+0.78)] \times 组织适应性$$

(3-12)

学习与成长维度 = [0.80/(0.80 + 0.82 + 0.68 + 0.52)]

× 员工服务创新能力

+ [0.82/(0.80 + 0.82 + 0.68 + 0.52)]

× 员工服务技能培训率

+ [0.68/(0.80 + 0.82 + 0.68 + 0.52)]

× 知识信息共享程度

+ [0.52/(0.80 + 0.82 + 0.68 + 0.52)]

× 奖励机制完善程度 (3 - 13)

制造企业服务化绩效的计算公式为：

服务化绩效 P = [1.05/(1.05 + 1.00 + 0.85 + 0.84)] × 财务维度

+ [1.00/(1.05 + 1.00 + 0.85 + 0.84)] × 客户维度

+ [0.85/(1.05 + 1.00 + 0.85 + 0.84)] × 内部运营维度

+ [0.84/(1.05 + 1.00 + 0.85 + 0.84)] × 学习与成长维度

(3 - 14)

基于表 3 - 14 呈现的权重计算方法和通过结构方程模型运算得到的因子载荷结果，整理得到各层级指标的权重系数见表 3 - 15。

表 3 - 15　基于结构方程模型的制造企业服务化绩效评价指标体系权重

	一级指标	一级指标权重系数	二级指标	二级指标权重系数
制造企业服务化绩效评价	财务视角 ξ_1	0.281	产品服务销售增长率 η_1	0.266
			服务收益率 η_2	0.245
			税前平均利润率 η_3	0.223
			经济增加值 η_4	0.266
	客户视角 ξ_2	0.267	市场占有率 η_5	0.359
			客户满意度 η_6	0.359
			客户保持率 η_7	0.282

续表

一级指标		一级指标权重系数	二级指标	二级指标权重系数
制造企业服务化绩效评价	内部运营视角 ξ_3	0.227	产品服务质量 η_8	0.205
			内部协调能力 η_9	0.220
			供应链管理水平 η_{10}	0.274
			组织适应性 η_{11}	0.301
	学习与成长视角 ξ_4	0.225	员工服务创新能力 η_{12}	0.284
			员工服务技能培训率 η_{13}	0.291
			知识信息共享程度 η_{14}	0.241
			奖励机制完善程度 η_{15}	0.184

3.4 基于 AHP 和 SEM 的指标权重分配的比较分析

本节主要对基于层次分析法和结构方程模型两种方法得出的制造企业服务化绩效评价指标权重的分配结果进行分析和比较，二者的对比情况具体见表 3-16。

表 3-16　基于 AHP 和 SEM 的指标权重分配比较

	财务	客户	内部运营	学习与成长
AHP	0.188	0.387	0.109	0.316
SEM	0.281	0.267	0.227	0.225

从表 3-16 可以看出，基于层次分析法的制造企业服务化绩效评价在财务、客户、内部运营以及学习与成长四个维度上的权重分配分别为 18.8%、38.7%、10.9% 和 31.6%。其中，客户和学习与成长占制造企业服务化绩效的权重较大，分别达到 38.7% 和 31.6%，表明客户及学习与成长维度对制造企业服务化绩效影响权重较大。这是

因为学者们从理论层面上认为，制造企业服务化的本质目的是要满足客户日益多样化、复杂化的个性需求，只有在为客户创造价值的同时企业才能获取超额利润；同时，由于服务资源所具有的稀缺性、价值性和难以复制性，制造企业需要不断为服务化战略进行投资，才能在同类企业中脱颖而出，形成差异化的核心竞争优势和持续发展的力量源泉。财务和内部运营维度所占制造企业服务化绩效的权重较小，分别为18.8%和10.9%，表明对于服务化转型的制造企业来说，相对而言较为传统的财务和内部运营指标的重要性应有所减弱。从表3－12具体来看，在客户维度中，客户保持率的权重最高，客户满意度居中，市场占有率最低；在学习与成长维度中，员工创新能力的权重最高，员工服务技能培训率和激励机制完善程度次之，知识信息共享程度最低；在财务维度中，经济增加值的权重最高，产品服务销售增长率居中，税前平均利润率和服务收益比率较低；在内部运营维度中，产品服务质量和组织适应性的权重最高，内部协调能力居中，供应链管理水平最低。

基于结构方程模型的制造企业的服务化绩效评价在财务、客户、内部运营以及学习与成长四个维度上的因子载荷量分别为1.05、1.00、0.85、0.84。其中，财务和客户维度对服务化绩效的评价过程影响较大，所占比重分别为28.1%、26.7%；内部运营和学习与成长维度所占比重相对较小，分别为22.7%、22.5%。由此可见，在实际情况中，财务维度在制造企业服务化绩效评价过程中仍占有首要地位，客户维度所占比重紧随其后，二者仅相差1.4%。表明在实际情况中，制造企业正逐渐认识到良好的客户关系对服务化绩效的重要性。从表3－15具体来看，在财务维度中，产品服务销售增长率和经济增加值指标权重系数较大且大小相当；其次是服务收益比率，税前平均利润率权重最小，表明企业的发展能力与盈利能力比较重要。在客户维度中，市场占有率和客户满意度对制造企业服务化绩效的提升影响较大，客户保持率的影响较小，表明制造企业在服务化过程中容

第3章 制造企业服务化绩效评价指标体系研究

易忽视对客户关系的培养和维护。在内部运营维度中，组织适应性的权重最大，供应链管理水平次之，产品服务质量和内部协调能力权重较小，表明制造企业注重对服务化战略的适应性和灵活性以及对合作伙伴管理能力的测评。在学习与成长维度，员工服务技能培训率的权重最大，员工创新能力次之，知识信息共享程度和奖励机制完善程度两个指标权重相对较小，表明制造企业相较对员工激励体制与学习环境的营造更注重对员工素质与能力的考核。

通过对两种方法得出的制造企业服务化绩效评价指标的权重分配进行分析和比较，发现基于层次分析法的研究表明，客户维度在制造企业服务化绩效评价中所占权重最大，但基于结构方程模型的研究表明，测度制造企业服务化绩效的四个维度所占权重较为均衡，且客户维度所占权重低于财务维度，位列第二。造成这种结果差异的原因主要有以下几点：一是现实与理论相比总是会存在一定的滞后性。虽然绝大多数的制造企业已经认识到客户对于本企业实现服务化转型、创造核心竞争优势具有首要且关键性的作用，但将其落实并体现于服务化的绩效评价之中还需要一定的时间和过程；二是对大部分制造企业来说，服务增值还不是其利润收入的主要来源，因此使制造企业服务增值得以实现的客户维度仍得不到其应当最受重视的水平；三是受固有的消费模式和消费理念影响，客户可能对服务化的参与积极性和贡献程度较低，尚不足以引起制造企业相当的重视；四是制造企业管理人员始终认为对客户维度关注的结果应该直接体现在企业财务绩效的提升上，因此对财务维度的更加关注并非忽视客户在制造企业服务化转型中的重要作用；五是在现有商业环境下，许多不道德商业行为影响了制造企业对客户关系的关注。

为保证后面制造企业服务化绩效影响机理分析的客观性，并尽可能使研究符合实际情况，本书决定采用通过结构方程模型的验证性因子分析技术所确定的指标权重系数对制造企业服务化绩效进行评价。

3.5 本章小结

本章旨在通过对制造企业服务化绩效评价指标的确立和权重分配问题的研究，提出一套具有普遍适用性和操作性的制造企业服务化绩效评价指标体系，从而为制造企业服务化绩效影响因素的实证研究奠定基础。本章主要内容分为四部分：第一部分基于平衡计分卡从财务、客户、内部运营、学习与成长四个维度设计和构建制造企业服务化绩效评价指标体系，改善了传统制造企业绩效评价指标体系缺乏服务化绩效考评指标的缺陷，增强了制造企业服务化绩效评估的全面性与客观性。在此基础上，针对制造企业服务化绩效评价指标体系所涉及的变量开发和设计量表，对量表进行信度、效度检验，形成调查问卷，并通过问卷调查收集制造企业服务化绩效测评的相关数据。第二部分运用层次分析法，通过构建层次结构模型，形成两两比较判断矩阵，计算各项指标的得分系数并进行一致性检验，给出制造企业服务化绩效评价综合得分的计算公式。研究发现客户维度占制造企业服务化绩效评价的权重最大，其次是学习与成长和财务维度，内部运营维度占制造企业服务化绩效评价的权重最小。第三部分使用结构方程二阶因子分析对制造企业服务化绩效评价模型进行实证分析，确定评价体系中各项指标的权重系数，弥补了层次分析法因专家打分而存在的主观性缺陷。研究发现财务维度占制造企业服务化绩效评价的权重最大，其次是客户和内部运营维度，学习与成长维度占制造企业服务化绩效评价的权重最小。第四部分详细比较了基于层次分析法和结构方程模型所得的制造企业服务化绩效评价指标权重分配情况，认为现实情况和理论分析之间的滞后性等是二者指标权重计算结果存在差异的主要原因，指出为了保证研究的客观性和现实性，后面将采用通过结构方程模型的验证性因子分析技术所确定的指标权重系数对制造企业服务化绩效进行评价。

基于制造企业服务化绩效
影响机理的服务化策略
研究
Chapter 4

第 4 章 制造企业服务化绩效影响因素识别

4.1 制造企业服务化绩效影响因素的理论分析

本节对影响制造企业服务化绩效的因素进行综合考量，将其归纳为包括客户参与、客户感知价值、网络合作伙伴、市场饱和程度和行业竞争战略在内的外部环境因素以及包括组织规模、组织结构、组织文化、战略匹配一致性、服务创新能力、信息整合机制和支持系统在内的内部组织因素。

4.1.1 外部环境因素

（1）客户参与。

客户为了实现和满足情感、个性化、自我创造和自我实现等方面的需求，会选择在产品和服务的生产过程中承担一定生产者角色，投入智力、金钱、精力、情绪等涉入性资源并对未来的服务结果怀有期望。在服务化转型的背景下，客户作为制造企业价值创造的关键来源及连接企业产品和服务生产潜力的重要纽带，其参与程度直接或间接地影响着制造企业的服务化绩效[105]。通常表现为客户通过参与和设计制造企业提供服务的内容、类型和方式并承担企业部分员工的职责，强化自身对于服务质量的感知和认同，从而降低制造企业的服务成本并提高企业创造价值的能力和服务化绩效[106]。

（2）客户感知价值。

客户通过将与制造企业交互过程中的感知利得与感知利失二者进行衡量和比较，会形成对制造企业所提供的产品服务包效用的主观感受及总体评价，客户感知价值是消费者价值观的本质体现。与传统的产品制造不同，服务型制造企业提供服务的好坏完全取决于客户的认知判断或体验[107]，因此，客户感知价值对制造企业服务化绩效存在一定影响。一般来说，客户的感知价值越高，其购买欲望越强，客户满意度和客户忠诚度也随之升高，这有利于制造企业捕捉和维系更广泛的新老客户群体，提升服务质量、树立服务口碑，形成差异化的核心竞争优势和提升企业的服务化绩效。

（3）网络合作伙伴。

各利益主体基于共同的愿景和价值共创的理念，会形成共担风险、共享利益的，正式或非正式的网络合作关系，制造企业的网络合作伙伴主要包括供应商、生产性服务企业、服务中介机构等[108]。在服务化转型的背景下，制造企业很难靠一己之力来满足客户日益多样性和复杂性的需求，这要求制造企业加强对合作网络的协同和管理，增进网络成员间的沟通、学习和信任，吸引和鼓励网络成员整合开放更多的差异化优势资源，通过集中各自核心业务领域，协作完成不同的产品与服务组合[109]。制造企业的网络合作伙伴对该企业的服务化绩效存在一定影响，一般来说，网络合作伙伴之间的忠诚度、协作能力及其综合竞争力越强，制造企业的服务化绩效越高。

（4）市场饱和程度。

市场饱和程度衡量了产品市场总销量与产品市场剩余潜量之间的关系，制造业的市场饱和程度简单来说反映的是整个行业中制造供需的情况。在较低程度的市场饱和环境下，制造企业不需要做出很大改变即可维持一定的收益水平；而在较高程度的市场饱和环境下，由于产品的利润空间被不断压缩，制造企业需要寻求升级或转型才能延长企业的生命周期，而服务化就是实现转型升级的一种很好的战略选择[110]。市场饱和程度的强弱会对制造企业的服务化绩效产生一定影响，一般来说，市场饱和度越高，制造企业选择实施服务化战略、更加关注企业内服务活动的可能性就越大，从而就越有助于制造企业服务化绩效的提升[111]。

(5) 行业竞争战略。

行业竞争战略是指结合行业整体现状和发展趋势，能够为企业带来市场竞争优势和地位的行业发展战略选择。制造行业的竞争战略与该行业整体发展状况和增长速度、制造技术能力的更新频率、是否存在众多势均力敌的竞争者以及行业的进入、退出壁垒等存在很大的相关性[112]。一般来说，整个行业的竞争战略以及对本行业竞争战略的认识程度会影响制造企业的服务化绩效，这是因为正确的认识行业竞争战略有助于制造企业了解竞争对手的经营状况、掌握目标客户的未来需求倾向、发现新的消费增长点等，从而有助于提高企业的服务化绩效。反之，对行业竞争战略的认识不清则有可能使制造企业陷入"服务化困境"[50]，只获得较少或低于预期的服务化收益。

4.1.2 内部组织因素

(1) 组织规模。

组织规模衡量了一个企业员工人数的多少以及企业人员之间存在的相互作用关系，制造企业的组织规模简单来说即反映了某个制造企业的大小。在服务化转型的背景下，提供额外的服务意味着额外资产投资的增加，企业的运营成本也会随之提高，而这既是大规模制造企业的优势所在，又恰恰也是其风险所存。规模较大的制造企业虽然往往拥有更充足的资源和能力来从事服务活动和创造服务增值，但所要付出的转型成本也相对较大[113]；除此之外，规模较大的制造企业由于已经具有了一定的客户基础，能够对客户的信息以及客户需求变化进行更好地把握；但同时也有可能由于组织规模过于冗余而无法及时、快速地将对客户需求的把握转化为满足客户需求的现实。因此，组织规模的大小会对制造企业的服务化绩效产生影响。一般来说，员工人数较多，销售额较高的大规模制造企业更有可能实现企业核心竞争能力的提升[114],但是否可以获取超额服务化利润还要取决于该制造企业的服务收入是否足以弥补其额外的服务投资。

(2)组织结构。

组织结构即为了实现共同的组织目标,组织内部形成的各部门、各层级之间的固定的构成方式和正式的工作安排。传统制造企业的组织结构多以直线职能制为主,其集权性较强但自主学习能力较差,而服务化转型发展要求制造企业的组织结构更加趋向于向以客户为导向、学习自主性强、各层级及各部门之间可以实现人员、信息灵活流通的扁平化和团队化的方向调整[115]。组织结构可以通过作用于组织的柔性和动态协作性来影响制造企业的服务化绩效[116]。一般来说,组织层级较少、组织结构较灵活的柔性化制造企业内部的横纵向沟通较流畅,员工自主性和积极性较高,且组织对外界变化的敏感性更强,能够对市场做出快速响应,从而有利于在一定程度上提高制造企业的服务化绩效。

(3)组织文化。

组织文化即为了解决外部适应和内部治理的问题,组织创造、发展和形成的稳定的认知和基本信念,这种认知和信念成为组织人员感知、思考的习惯方式和共同遵守的行为标准。服务化转型发展改变了制造企业原有的组织结构和发展模式,需要制造企业重塑组织文化和公司价值观体系,并对管理方式、员工行为以及客户关系形成新的理解,由面向制造的心态逐步转化为面向服务的心态[117]。组织文化的发展阶段会影响制造企业的服务化绩效,一般来说,较为开放、共享、重服务的组织文化有助于消除制造企业与客户间的沟通壁垒、提高管理者的服务投资意愿、扩大向企业员工的授权范围等,从而实现更为有效的服务交付,并提高制造企业的服务化绩效。

(4)战略一致性。

战略一致性包括战略目标一致和战略方法一致,它衡量了企业战略选择和内部运作实践之间的匹配程度。传统制造企业的战略目标往往是获得产品销售的超额利润,其运作实践主要包括产品制造、关键技术开发、成本控制、基础设施建设以及规模经济形成等。而在服务化转型背景下,制造企业的战略重点发生转变,其内部的运作实践也要做出相应的调整,转向服务衍生需求的满足、人员服务技能培训、核心知识的积累、基础设施升级以及范围经济的形成等[118]。制造企业内部运作实践的转变情况与服务化导向战略目标的匹配程度影响制造企业的服务化绩效[42]。一般来说,运作实践与战略目标的不一致将会拉低制造企业服务化绩效;只有企业内部运作实践与战略目标保持一致,才能形成战略聚焦,弱化组织任务执行过程中的阻力,减少因战略不明而导致的资源浪费和人员误导,实现整体大于部分之和的耦合效应。

(5) 服务创新。

服务创新指的是针对包含服务内容在内的整个产品生命周期的变化以及与客户关系的变化所进行的一切创新活动。服务创新如今已经不再是服务企业的专利,越来越多的制造企业也开始通过服务创新发展现有服务、提供新服务和改变服务提供方式来创造新市场[119],有些制造企业甚至通过服务创新逐步舍弃附加值较低的制造环节,从而彻底改变其原有的盈利模式[120]。制造企业的服务创新水平是影响制造企业服务化绩效的重要因素之一。一般来说,较高的服务创新水平能够促进制造企业对组织内部服务流程和提供服务的质量进行改进,有助于为客户设计和提供更加多样性的个性化服务,进而为制造企业带来新的利润增长点和发展空间,提高制造企业服务化绩效。

(6) 信息资源整合。

信息资源整合是实现信息处理最快化、信息资源配置最优化、信息有效利用价值最大化、信息应用范围最广化的系统管理过程。服务型制造企业与传统制造企业相比,除了关注产品相关信息外,还需要进行服务信息的整合,尤其在当前大数据、云计算、物联网等新兴IT技术迅猛发展的背景下,能否将数据转化为可以为企业转型发展而服务的信息会影响制造企业的服务化绩效[41]。一般来说,信息整合能力强更有利于制造企业直观地洞悉客户消费及衍生需求,并向客户提供实时的产品服务信息更新;同时,也有利于制造企业改进自身内部业务流程,增进组织上下对于共同心智模式的理解;推进企业间互补性优势资源的流通、降低单边锁定的风险[121-122],进而在一定程度上促进制造企业服务化绩效的提升。

(7) 支持活动。

任何新兴事物的顺利发展都离不开相关活动的支持。对于服务化转型的制造企业来说,传统的以产品生产和交付为中心的支持活动由于不利于将企业的核心资源在产品流和服务流之间进行有效配置和综合,已经不能满足企业的战略发展要求,因此需要制造企业内部人员支持、财务支持、管理支持等活动的中心和重点向服务领域做出相应调整和转变。作为服务化有效进行的保障,支持系统的完善程度影响制造企业的服务化绩效。一般来说,高层管理者的支持、大量的服务网点、充足的人员和财务资源等有助于制造企业取得更好的服务化绩效[123],并为企业带来持久的发展动力和差异化经营优势;反之,较低的支持水平则不利于制造企业服务活动的开展和服务化绩效的获得。

4.2 制造企业服务化绩效影响因素的量表开发

要进行制造企业服务化绩效影响因素的定量分析,关键要解决制造企业服务化绩效影响因素的量化问题。本节首先针对制造企业服务化绩效影响因素进行量表开发与设计;其次,经过与专家的讨论与修改,形成服务化绩效影响因素的调查问卷;最后,通过问卷调查收集数据并对数据样本的信度和效度进行检验。

4.2.1 量表的开发与设计

依据前面有关制造企业服务化绩效影响因素的理论分析,选取客户参与程度、客户感知价值、网络合作水平、市场饱和度、行业竞争战略分析能力、组织规模、组织结构柔性、组织文化适应性、战略匹配一致性、服务创新能力、信息整合能力、支持系统完善程度12项指标变量依次对各项影响因素进行观测和衡量;针对这12项指标变量,在充分借鉴已有研究和相关量表的基础上,进行制造企业服务化绩效影响因素量表开发[124-126];在此过程中,多次与相关领域内专家、学者、企业管理人员对量表的内容、结构、题项、措辞等进行讨论,并再次依据讨论意见和建议对量表进行修正,最终形成制造企业服务化绩效影响因素的调查量表。量表的具体内容如下:

(1) 外部环境因素的测量。

客户参与程度量表(Customer Participation,CP)

CP1:本企业非常重视客户的参与和体验;

CP2:本企业经常对客户的需求进行调研;

CP3:本企业会经常评估客户满意度和忠诚度。

客户感知价值量表(Customer Perceived Value,CPV)

CPV1:本企业能够为客户提供量身定制的产品和服务;

CPV2:本企业提供的"产品+服务"基本能够满足客户需求;

CPV3:本企业提供的"产品+服务"信息丰富准确,价格合理;

CPV4:本企业定期调查终端客户对产品和服务的评价。

网络合作水平量表(Network Cooperation,NC)

NC1:本企业与供应商存在十分密切的关系;

NC2:终止与供应商的关系会给本企业带来重大不良影响;

NC3:本企业与服务中介机构联系很频繁;

NC4:本企业与服务中介机构联系过程中双方高度互信。

市场饱和度量表（Industrial Competition，IC）

IC1：本企业所在行业竞争非常激烈；

IC2：本企业所生产产品市场同质化严重；

IC3：本企业所生产产品的替代品较多；

IC4：本企业所在行业中有企业实施了服务化战略。

行业竞争战略分析能力量表（Industrial Servitisation，IS）

IS1：本企业努力识别竞争对手的战略；

IS2：本企业的管理人员定期谈论竞争对手的行动；

IS3：本企业经常跟踪主要竞争对手的市场表现；

IS4：本企业经常评估主要竞争对手的优势。

（2）内部组织因素的测量。

组织规模量表（Organization Scale，OS）

OS1：本企业员工人数与同行业其他企业相比较多；

OS2：本企业资产总额在同行业中相对较高；

OS3：本企业产品服务包的销售收入在同行业中相对较高。

组织结构柔性量表（Organizational Flexibility，OF）

OF1：本企业各级管理者具有良好的组织管理能力；

OF2：本企业的组织机构能够很好地为服务化战略目标服务；

OF3：本企业能够根据需求变化快速地调整经营目标；

OF4：本企业生产制造和服务能够得到有效融合。

组织文化适应性量表（OrganizationalCulture，OC）

OC1：本企业拥有较为开放、共享的组织文化；

OC2：本企业文化能够有效促进公司员工对服务化战略目标的认同；

OC3：本企业非常重视"产品+服务"的营销文化。

战略匹配一致性量表（Strategic Alignment，SA）

SA1：本企业的各级管理者了解公司的战略；

SA2：本企业员工对于公司服务化战略具有较强的认同感；

SA3：有关服务化的各项制度在公司能够得到很好的执行。

服务创新能力量表（Service Innovation，SI）

SI1：本企业非常重视对员工的培训；

SI2：本企业内部各部门之间的合作非常密切；

SI3：本企业各部门员工间能进行非常坦诚的互助和合作；

SI4：本企业能够根据客户需求提供个性化服务。

信息整合能力量表（Information Integration，II）

II1：本企业能够有效获取客户、供应商及竞争对手等的信息；

II2：本企业员工之间、部门之间及层级之间能够进行有效的信息交流；

II3：本企业的销售人员定期收集有关竞争对手的活动资料；

II4：本企业与合作伙伴之间建立的网络信息系统较为完善。

支持系统完善程度量表（Support System，SS）

SS1：本企业有充足的财务资源支持服务活动；

SS2：本企业有足够的网点和充足的人员为服务提供支持；

SS3：本企业管理决策层非常重视服务化转型发展。

以上题项的设置均采用李克特五分制进行量化评分，即对问项描述的同意程度用 1~5 分来表示，其中：1 代表"非常不同意"，2 代表"基本不同意"，3 代表"一般"，4 代表"基本同意"，5 代表"非常同意"。

4.2.2 数据的收集与处理

此部分调查题项位于本书所使用的制造企业服务化绩效及影响因素调查问卷的第二部分，即制造企业服务化绩效影响因素调查问卷。本次调查中数据的收集方式、收集时间、调查对象、样本情况等同前面所述，此处不再赘述。为了保证制造企业服务化绩效影响因素问卷测量结果的可靠性与有效性，本书同样在进行缺失值处理的基础上，对数据样本的信度和效度进行检验。

(1) 内部一致性信度分析。

内部一致性信度一般使用 Cronbach's α 系数和组合信度 ρ_c 系数来进行评价，制造企业服务化影响因素各量表的 Cronbach's α 系数和组合信度 ρ_c 系数的具体计算结果见表 4-1。

表 4-1　　　　　内部一致性信度系数

量表名称	问项数	Cronbach's α	组合信度 ρ_c 系数
客户参与程度（CP）	3	0.883	0.8618
客户感知价值（CPV）	4	0.878	0.8650
网络合作水平（NC）	4	0.888	0.8067
市场饱和程度（IC）	4	0.880	0.7832
行业竞争战略分析能力（IS）	4	0.820	0.8813
组织规模（OS）	3	0.936	0.9413
组织结构柔性（OF）	4	0.875	0.8308
组织文化适应性（OC）	3	0.877	0.8483
战略匹配一致性（SA）	3	0.876	0.8181
服务创新能力（SI）	4	0.878	0.8850
信息整合能力（II）	4	0.874	0.8074
支持系统完善程度（SS）	3	0.882	0.8411

根据计算结果可以发现，各量表的 Cronbach's α 系数处于 0.820~0.936 之间，最低值为 0.820；组合信度 ρ_c 系数处于 0.7832~0.9413 之间，最低值为 0.7832，两项指标均超过了其最低可接受的临界值 0.7 的水平要求，说明本书所开发的量表具有良好的内部一致性信度。

(2) 聚合效度分析。

聚合效度一般使用平均变异数抽取量（AVE）来进行评价，制造企业服务化绩效影响因素各量表的 AVE 计算结果见表 4-2。

表 4-2　　　　　　　平均变异数抽取量（AVE）值

潜变量	显变量	AVE（ρ_v）
CP	CP1，CP2，CP3	0.6753
CPV	CPV1，CPV2，CPV3，CPV4	0.6171
NC	NC1，NC2，NC3，NC4	0.5149
IC	IC1，IC2，IC3，IC4	0.5482
IS	IS1，IS2，IS3，IS4	0.6504
OS	OS1，OS2，OS3	0.8424
OF	OF1，OF2，OF3，OF4	0.5524
OC	OC1，OC2，OC3	0.6511
SA	SA1，SA2，SA3	0.6011
SI	SI1，SI2，SI3，SI4	0.6627
II	II1，II2，II3，II4	0.5125
SS	SS1，SS2，SS3	0.6395

根据计算结果可以发现，各潜变量的 AVE 值处于 0.5125～0.8424 之间，最低值为 0.5125，均超过了最低可接受的临界值 0.5 的水平要求，说明本书所开发的量表整体上具有良好的聚合效度，内在质量较为理想。

经检验，已有量表具有良好的内部一致性信度和聚合效度，可靠性和有效性较强，因此，此调查问卷所收集的样本数据可以用于制造企业服务化绩效影响因素的实证分析。

4.3　制造企业服务化绩效影响因素的实证研究

本节使用 Z-score 法将指标变量标准化处理，并依次对指标变量进行相关性检验、共线性检验以及巴特利特球形检验。在此基础之上，利用 SPSS 21.0 统计软件，采取主成分和回归分析的方法对制造企业服务化绩效影响因素进行实证研究;最后,针对实证结果进行阐述和说明。

4.3.1 相关性检验

首先,为了便于统计描述和分析,现使用 $x_1 \sim x_{12}$ 分别代表客户参与程度、客户感知价值、网络合作水平、市场饱和程度、行业竞争战略分析能力、组织规模、组织结构柔性、组织文化适应性、战略匹配一致性、服务创新能力、信息整合能力与支持系统完善程度 12 项指标变量,并采用 SPSS 21.0 对所收集数据进行标准化处理,以消除量纲对指标的影响。其次,对已进行标准化处理的 12 项指标进行皮尔森相关性检验,相关性检验结果具体见表 4-3。由表 4-3 可以看出,因变量制造企业服务化绩效与 12 项自变量均在 0.01 的水平上双侧显著相关,相关性较强,可以建立因变量与自变量之间的多元回归方程模型,模型具有一定合理性。但由于自变量的个数过多,相互关系比较复杂,且一些自变量之间也存在明显的相关性,直接使用多元回归方程模型可能会存在估计失真或估计不稳定的缺点。因此,本书将对指标变量间是否存在多重共线性进行进一步检验,从而更好地选择与数据相匹配的统计分析方法。

表 4-3 制造企业服务化绩效影响因素皮尔森相关系数矩阵

	Z_y	Z_{x_1}	Z_{x_2}	Z_{x_3}	Z_{x_4}	Z_{x_5}	Z_{x_6}	Z_{x_7}	Z_{x_8}	Z_{x_9}	$Z_{x_{10}}$	$Z_{x_{11}}$	$Z_{x_{12}}$
Z_y	1												
Z_{x_1}	0.727**	1											
Z_{x_2}	0.886**	0.883**	1										
Z_{x_3}	0.479**	0.487**	0.490**	1									
Z_{x_4}	0.449**	0.416**	0.394**	0.576**	1								
Z_{x_5}	0.506**	0.494**	0.485**	0.825**	0.877**	1							
Z_{x_6}	0.380**	-0.096	-0.073	-0.013	0.187*	0.118	1						

续表

	Zy	Zx$_1$	Zx$_2$	Zx$_3$	Zx$_4$	Zx$_5$	Zx$_6$	Zx$_7$	Zx$_8$	Zx$_9$	Zx$_{10}$	Zx$_{11}$	Zx$_{12}$
Zx$_7$	0.869**	0.723**	0.798**	0.495**	0.426**	0.513**	0.032	1					
Zx$_8$	0.844**	0.681**	0.772**	0.440**	0.442**	0.509**	0.028	0.946**	1				
Zx$_9$	0.778**	0.663**	0.694**	0.489**	0.453**	0.553**	0.013	0.843**	0.874**	1			
Zx$_{10}$	0.899**	0.758**	0.843**	0.540**	0.496**	0.549**	-0.031	0.826**	0.778**	0.737**	1		
Zx$_{11}$	0.716**	0.661**	0.667**	0.619**	0.586**	0.665**	0.120	0.716**	0.684**	0.706**	0.713**	1	
Zx$_{12}$	0.735**	0.681**	0.688**	0.524**	0.466**	0.528**	-0.073	0.721**	0.685**	0.671**	0.820**	0.641**	1

注：** 在 0.01 水平上显著相关；* 在 0.05 水平上显著相关。

4.3.2 共线性检验

上述影响因素间较大的相关系数可能使回归模型估计失真或难以准确估计，因此需要对解释变量之间的共线性进行诊断，制造企业服务化绩效各影响因素的共线性统计量计算结果见表 4-4。由表 4-4 可以看出，指标中最大方差膨胀因子大于 10，其相对应容忍度小于 0.1，且多个维度的特征根约为 0，条件索引大于 10，这都表明自变量之间存在多重共线性，将严重影响最小二乘的估计。因此，有必要采用主成分回归的方法对数据进行统计分析，从而在一定程度上克服自变量之间多重共线性的影响，得到优于多元回归模型的、更有管理解释意义和更接近现实的主成分回归模型。

表 4-4　　　　　　　　共线性统计量

变量	容忍度	方差膨胀因子	维数	特征值	条件索引
Constant			1	7.297	1.000
Zx$_1$	0.198	5.057	2	1.536	2.180
Zx$_2$	0.132	7.571	3	1.007	2.692
Zx$_3$	0.205	4.867	4	0.997	2.705
Zx$_4$	0.156	6.414	5	0.524	3.731

续表

变量	容忍度	方差膨胀因子	维数	特征值	条件索引
Zx_5	0.076	13.159	6	0.416	4.186
Zx_6	0.867	1.153	7	0.400	4.273
Zx_7	0.080	12.513	8	0.305	4.891
Zx_8	0.076	13.160	9	0.200	6.047
Zx_9	0.202	4.944	10	0.146	7.068
Zx_{10}	0.161	6.222	11	0.085	9.284
Zx_{11}	0.332	3.010	12	0.048	12.391
Zx_{12}	0.302	3.315	13	0.040	13.461

4.3.3 KMO 和 Bartlett 球形检验

KMO 和巴特利特球形检验是进行主成分分析的基础和前提，KMO 检验统计量用于比较变量间简单相关系数和偏相关系数的大小，当所有变量间简单相关系数平方和远远大于偏相关系数平方和时，KMO 值将趋近于 1，说明变量间的相关性强，适合做主成分分析；反之，KMO 值越趋近于 0，则说明变量间的相关性弱，不适合做主成分分析。巴特利特球形检验用于检验相关系数矩阵是否为单位矩阵，即原始变量间是否相互独立，如果巴特利特球形检验统计量的值较大，且相对应的相伴概率值小于 0.05 的显著性水平，则拒绝相关系数矩阵是单位阵的零假设；反之，则不能拒绝原假设，认为相关系数矩阵可能是单位阵，无法提取出相应公因子，不适合做主成分分析。由表 4-5 可以看出，本书所使用数据的 KMO 值为 0.894，大于 0.8；巴特利特球形检验统计量为 1469.928，对应的相伴概率 Sig. 为 0.000，KMO 和 Bartlett 球形检验均表明原有的指标变量可以进行主成分分析。

表4-5　　　　　　　　KMO 和 Bartlett 的检验

取样足够度的 Kaiser-Meyer-Olkin 度量		0.894
Bartlett 的球形度检验	近似卡方	1469.928
	df	66
	Sig.	0.000

4.3.4 主成分分析

主成分分析是利用降维的原理，将原先的多个变量通过线性变换转化为少数的几个互不相关的综合变量（即主成分）的多元统计分析方法，每个主成分都是全部原始变量的线性表达。主成分既保留了原始指标变量的绝大部分信息，又有主成分之间相互独立的特征，因此使用主成分代替原先指标变量，再建立主成分与目标变量间回归方程所得的回归系数估计在一定程度上能克服由多重共线性所引起的估计不稳定的缺点。鉴于此，本书首先对制造企业服务化绩效12项影响因素所对应的指标变量做主成分分析，具体分析结果见表4-6和表4-7。由表4-6可以看出，变量的公因子方差处于0.696~0.956之间，均大于0.4的最低水平要求，说明指标变量之间的信息丢失较少，所提取出的公因子能很好地解释制造企业服务化绩效影响因素相对应的各项测量指标，具有较好的因子分析效果。

表4-6　　　　　　　　　公因子方差

	初始	提取
Zscore（x_1）	1.000	0.744
Zscore（x_2）	1.000	0.823
Zscore（x_3）	1.000	0.776
Zscore（x_4）	1.000	0.809
Zscore（x_5）	1.000	0.956
Zscore（x_6）	1.000	0.937

续表

	初始	提取
Zscore（x_7）	1.000	0.893
Zscore（x_8）	1.000	0.862
Zscore（x_9）	1.000	0.776
Zscore（x_{10}）	1.000	0.836
Zscore（x_{11}）	1.000	0.729
Zscore（x_{12}）	1.000	0.696

表4-7 解释的总方差

成份	初始特征值			提取平方和载入		
	合计	方差的%	累积%	合计	方差的%	累积%
1	7.295	60.790	60.790	7.295	60.790	60.790
2	1.536	12.803	73.593	1.536	12.803	73.593
3	1.005	8.373	81.966	1.005	8.373	81.966
4	0.524	4.370	86.335			
5	0.417	3.472	89.807			
6	0.400	3.331	93.138			
7	0.305	2.543	95.681			
8	0.200	1.664	97.345			
9	0.146	1.218	98.562			
10	0.085	0.706	99.268			
11	0.048	0.396	99.664			
12	0.040	0.336	100.000			

由表4-7可以看出，按照特征值大于等于1的指定提取条件可以提取出三个主成分：第一主成分的初始特征值为7.295，解释了60.79%的数据总变异；第二主成分的初始特征值为1.536，解释了12.803%的数据总变异；第三主成分的初始特征值为1.005，解释了8.373%的数据总变异。前三个主成分累计解释的数据总变异量为

81.966%，大于80%，解释度良好，说明这三个主成分已经能够涵盖原始数据的绝大部分信息，可以使用它们代替原先的12项指标变量进行下一步数据分析。

在通过方差累计贡献率确定最终所选择的三个主成分之后，还需要求出原变量协方差矩阵前三个较大的特征值所对应的特征向量，即主成分得分系数向量。从而将主成分转换为原始12项指标变量的线性表达。特征向量可以通过主成分载荷矩阵每列系数除以相应特征根的平方根求得，具体计算结果见表4-8。

表4-8　　　　　主成分得分系数矩阵

	成分		
	1	2	3
Zscore (x_1)	0.305	-0.194	-0.080
Zscore (x_2)	0.318	-0.237	-0.008
Zscore (x_3)	0.252	0.357	-0.341
Zscore (x_4)	0.236	0.508	-0.073
Zscore (x_5)	0.273	0.494	-0.196
Zscore (x_6)	0.008	0.371	0.849
Zscore (x_7)	0.331	-0.194	0.186
Zscore (x_8)	0.323	-0.190	0.210
Zscore (x_9)	0.317	-0.120	0.145
Zscore (x_{10})	0.331	-0.157	0.010
Zscore (x_{11})	0.310	0.117	0.075
Zscore (x_{12})	0.303	-0.111	-0.082

由主成分得分系数矩阵可以得到主成分 F_1, F_2, F_3 的表达式分别为：

$$F_1 = 0.305 Zx_1 + 0.318 Zx_2 + 0.252 Zx_3 + 0.236 Zx_4 + 0.273 Zx_5 \\ + 0.008 Zx_6 + 0.331 Zx_7 + 0.323 Zx_8 + 0.317 Zx_9 \\ + 0.331 Zx_{10} + 0.310 Zx_{11} + 0.303 Zx_{12} \quad (4-1)$$

$$F_2 = -0.194 Zx_1 - 0.237 Zx_2 + 0.357 Zx_3 + 0.508 Zx_4 + 0.494 Zx_5$$
$$+ 0.371 Zx_6 - 0.194 Zx_7 - 0.190 Zx_8 - 0.120 Zx_9$$
$$- 0.157 Zx_{10} + 0.117 Zx_{11} - 0.111 Zx_{12} \quad (4-2)$$

$$F_3 = -0.080 Zx_1 - 0.008 Zx_2 - 0.341 Zx_3 - 0.073 Zx_4 - 0.196 Zx_5$$
$$+ 0.849 Zx_6 + 0.186 Zx_7 + 0.210 Zx_8 + 0.145 Zx_9$$
$$+ 0.010 Zx_{10} + 0.075 Zx_{11} - 0.082 Zx_{12} \quad (4-3)$$

4.3.5 线性回归分析

本书采用通过结构方程模型所确定的指标权重系数对制造企业服务化绩效进行评价，并以标准化处理后的制造企业服务化绩效为因变量，以提取出的三个主成分为新的自变量，利用 SPSS21.0 统计软件进行多元线性回归拟合，标准回归模型为：$Zy = b_0 + b_1 F_1 + b_2 F_2 + b_3 F_3$。其中，$b_0$ 为常数项；b_1，b_2，b_3 分别为主成分 F_1，F_2，F_3 的回归系数。具体回归分析结果见表 4-9 和表 4-10。

表 4-9　　　　　模型汇总

模型	R	R 方	调整 R 方	标准估计的误差
1	0.915	0.838	0.833	0.39735734

表 4-10　　　　　线性回归结果

模型	标准系数	t	Sig.
F_1	0.878	22.957	0.000
F_2	-0.250	-6.544	0.000
F_3	0.068	1.789	0.046

回归分析结果显示：调整后的判定系数 R^2 值为 0.833，表明制造企业服务化绩效的变动中有 83.3% 是由客户参与程度、客户感知价值、网络合作水平等 12 项影响因素的变动所引起的，只有 16.7% 是由其他干扰因素所引起的，模型整体拟合效果较好，自变量解释能

力较强;且第一主成分、第二主成分、第三主成分的回归系数在显著性检验中 t 统计量所对应的参数估计值分别为 0.000,0.000 和 0.046,均小于 0.05 的显著性水平,说明所提取的三个主成分与制造企业服务化绩效之间的线性关系十分显著,因此,可以得到消除了共线性影响的主成分回归方程:

$$Zy = 0.878 F_1 - 0.250 F_2 + 0.068 F_3 \quad (4-4)$$

再将第一、第二、第三主成分的表达式（4-1）、式（4-2）、式（4-3）分别代入式（4-4）主成分回归方程模型中,可以得到最终的用标准化变量表示的制造企业服务化绩效与原始 12 项指标变量之间的回归方程:

$$\begin{aligned} Zy = &\ 0.311\,Zx_1 + 0.338\,Zx_2 + 0.109\,Zx_3 + 0.075\,Zx_4 + 0.103\,Zx_5 \\ &- 0.028\,Zx_6 + 0.352\,Zx_7 + 0.345\,Zx_8 + 0.318\,Zx_9 \\ &+ 0.331\,Zx_{10} + 0.248\,Zx_{11} + 0.288\,Zx_{12} \end{aligned} \quad (4-5)$$

4.4 结果解释

由最终的模型回归结果可以看出,原始 12 项指标变量对制造企业的服务化绩效产生了不同方向和强度的影响,其中,组织结构柔性、组织文化适应性、客户感知价值、服务创新能力、战略匹配一致性、客户参与程度、支持系统完善程度、信息整合能力、网络合作水平、行业竞争战略分析能力和市场饱和程度对制造企业服务化绩效存在正向影响,各影响系数分别为 0.352、0.345、0.338、0.331、0.318、0.311、0.288、0.248、0.109、0.103 和 0.075。

具体来看,组织结构柔性和组织文化适应性对制造企业服务化绩效的影响作用最强,表明二者是推动制造企业服务化绩效提升的根本动力。在服务化转型的背景下,制造企业的重心逐渐由产品制造向服务增值转变，需要对组织内部结构进行变革和重组，同时，也为组织文化适应带来显著挑战。实证研究结果显示：组织结构柔性和组织文化适应性越强的制造企业，服务化绩效越高，制造企业只有通过积极调整组织结构和发展适应性组织文化才能对市场变动做出快速响应、实现更为有效的服务交付。客户感知价值和客户参与程度对制造企业服务化绩效的影响作用均较大，表明客户是影响制造企业服务化绩效提升的重要条件。在服务的提供与执行过程中，制造企业需要与客户通力合作才能使价值被创造和认同。制造企业通过营造良好的客户体验环境、提高客户全过程的参与程度，并致力于为客户提供可感知的优质服务有助于自身差异化竞争壁垒的形成。服务创新能力和战略匹配一致性对制造企业服务化绩效的影响作用较强，表明服务创新和战略匹配是实现制造企业服务化绩效提升的重要方式。随着制造与服务的融合发展，服务更新频率和服务化战略落实效果已经成为制造企业能否获取新利润增长点的关键。因此，加大服务创新力度、增进战略制定与战略执行之间的匹配程度有利于制造企业更好地实现组织目标。支持系统完善程度、信息整合能力、网络合作水平、行业竞争战略分析能力和市场饱和度对制造企业服务化绩效也存在一定的正向影响。表明在服务化进程中，兼顾支持系统和信息机制的完善，深化与各方合作伙伴的合作水平，认清制造行业整体市场的发展形势能促进制造企业服务化绩效的提升。

组织规模对制造企业服务化绩效的影响为负，其影响系数为 -0.028。产生这一结果的原因可能有以下几点：首先，组织规模较大的制造企业相对来说劳动成本更高；其次，绝大多数大规模制造企业的机构较为冗余，面对客户需求和市场的变化难以做出及时响应；最后，规模较大的制造企业固有的组织文化惯性较强，员工对于服务主导的共同心智模式的理解、转变和认同需要更长的时间。因此，较大规模的制造企业所获取的服务收入可能不足以弥补其额外的服务投资。

4.5 本章小结

本章旨在通过对制造企业服务化绩效影响因素的研究，分析制造企业服务化绩效水平差异的内外动因，探索制造企业服务化绩效各影响因素的影响强度与方向，为下一步制造企业服务化绩效影响机理的研究奠定基础，为推动制造企业服务化发展和价值链升级提供一条思路。本章主要内容分为四部分：第一部分对影响制造企业服务化绩效的多方面因素进行综合考量，从理论上将其归纳总结为包括客户参与、客户感知价值、网络合作伙伴、市场饱和程度和行业竞争战略在内的外部环境因素以及包括组织规模、组织结构、组织文化、战略匹配一致性、服务创新能力、信息整合机制和支持系统在内的内部组织因素，详细分析了各因素与服务化绩效之间的复杂关系和影响途径。第二部分针对制造企业服务化绩效各影响因素所涉及的指标变量开发和设计量表，并利用收集到的数据进行信效度分析。第三部分利用主成分和回归分析的方法对制造企业服务化绩效的影响因素进行实证研究，在一定程度上克服了原始自变量间多重共线性的影响，得到了优于多元回归模型的、更有管理解释意义和更接近现实的主成分回归模型。第四部分根据实证研究结果，阐述了各影响因素的影响强度与方向，并对研究结果进行了分析。研究发现组织结构柔性、组织文化适应性、客户感知价值、服务创新能力、战略匹配一致性、客户参与程度与制造企业服务化绩效之间存在较强的正向影响关系，影响系数均大于0.3，因此，第5章将针对这六项影响因素对制造企业服务化绩效的具体影响机理进行研究。

基于制造企业服务化绩效
影响机理的服务化策略
研究
Chapter 5

第5章 制造企业服务化绩效影响机理研究

5.1 制造企业服务化绩效影响机理概念模型的提出

为了进一步研究制造企业服务化绩效影响因素之间以及影响因素作用于服务化绩效的路径，本节将基于第4章的相关研究成果，选取影响系数大于0.30的制造企业服务化绩效影响因素，将制造企业在服务化转型过程中所体现出来的服务性特点、相关影响因素和企业的组织运营环境相结合，构建制造企业服务化绩效影响机理的概念模型。

5.1.1 研究假设

由前面可知，制造企业的组织结构柔性、组织文化适应性、战略匹配一致性、客户参与程度、服务创新能力以及客户感知价值对制造企业服务化绩效影响相对较大，为此本书将深入分析它们之间的内在影响关系。

（1）组织结构柔性。

权变管理理论认为，由于外部环境存在不稳定性与动态性，组织个体应基于所处的具体情境不断调整自身的组织状态。鉴于此，在制造企业服务化背景下，不少制造企业管理者为迎合生产制造与服务融合发展的趋势，不断对内部组织结构进行调整，提升组织的环境适应性与组织结构柔性，以期在竞争中占领优势地位。国内外学者研究表明，如果一个组织能对其所处的环境进行多重反应，则说明该组织较为灵活且具备柔性。企业若想获得较高或额外的绩效成果，那么其必须具备良好的环境适应能力和较强的柔性化能力。Phillips F等学者[124]以44家计算机相关企业的10年财务数据为研究对象，结合数学模型获得其组织柔性程度排序,结果表明,组织的柔性化程度越高,企业越能获得额外的绩效。姜铸等[116]从结构柔性、战略柔性、资源柔性、文化柔性等方面衡量组织柔性化程度,通过实证分析证明了组织柔性对企业绩效存在正向影响。对于组织结构柔性而言,趋于扁平化且灵活性较强的有机式组织结构更加有益于企业服务化绩效的提升,并且具备较强柔性的组织在企业组织文化的塑造和调整方面存在明显的优势,有益于增强组织文化的适应性[125]。同时,组织结构柔性越高,企业对来自动态竞争环境中的各类需求的反应性越强,越有利于企业战略在实施过程中与实施所需条件的匹配程度的提升[126]。

基于以上分析提出假设:

假设 H_{OF-1}:制造企业的组织结构柔性对企业服务化绩效存在正向影响;

假设 H_{OF-2}:制造企业的组织结构柔性对组织文化适应性存在正向影响;

假设 H_{OF-3}:制造企业的组织结构柔性对战略匹配一致性程度存在正向影响。

(2)组织文化适应性。

资源基础观理论认为,文化之所以能够成为制造企业可持续竞争优势的来源,不仅因为其具备无形性、独特性等本质特征,还由于其具有的许多隐性且高度复杂的重要特征难以被竞争者所模仿。组织文化是一套引导和约束组织成员行为的结构体系、程序、规则和规范[127],是组织内部成员共同拥有的价值观、信仰以及"隐含假设"[128],这种共享的价值观形成了成员之间进行沟通和相互理解的基础,并通过组织内部的整合与协调影响着员工行为[129]。作为企业的无形资源或无形资产,组织文化与企业经营绩效之间存在显著的正相关关系[130],不同类型的文化可能为企业带来不同的绩效表现。组织文化在一定程度上影响企业内部的员工行为,不同类型的组织文化对组织内部员工行为的影响存在显著差异[131],与和睦交往型的组织文化相比,团结一致型的组织文化更有利于加深组织成员对组织价值观的认同程度,提升组织战略在制定和执行过程中一致性和协调性[125]。服务化过程中,客户需求的复杂性与多变性要求制造企业必须具备与满足市场需求相适应或更具包容性的组织文化。客户导向型组织文化的塑造及该文化理念暗示下员工服务于客户的行为对客户参与程度存在正向影响[132—133]。

基于以上分析提出假设:

假设 H_{OC-1}:制造企业的组织文化适应性对企业服务化绩效存在正向影响;

假设 H_{OC-2}:制造企业的组织文化适应性对战略匹配一致性程度存在正向影响;

假设 H_{OC-3}:制造企业的组织文化适应性对客户参与程度存在正向影响。

(3) 战略匹配一致性。

制造企业战略匹配一致性是指企业战略的实施与实施所需条件的匹配程度,包括组织内部人员的战略认同度、各层级人员共识度及战略与组织机构的协调性等方面。对于制造企业而言,其服务化转型其实是一个战略调整的过程。在此过程中,较高的组织内部人员战略认同度、各层级人员的共识度及战略与组织机构的协调性有利于制造企业服务化战略的贯彻执行,提升服务化程度。在企业管理实践中,优质的战略管理对企业利润的实现和收益水平均存在显著且正向影响[134],同时企业战略的实施与实施过程中所需条件的高度匹配则可避免"战略错位风险"[135],进而促进企业绩效提升。创新是企业获得竞争优势、提升竞争力的主要源泉,在制造企业服务化转型的适应过程中的作用至关重要[136]。而服务化战略作为一种能够创造差异化竞争优势的新型战略,其创新过程的复杂性对这项战略的实施条件提出更高的要求。制造企业内部各层级人员对这一创新战略的认同度和共识度越高,越有利于企业创新性服务活动的开展,从而激发员工的思考能力与创新能力,使员工的服务创新能力有所提升[137]。在服务化背景下,鉴于客户成为制造企业获取竞争优势的关键要素,客户参与战略决策和客户需求获取的重要性在组织内部的认同度不断提升,各层级组织人员在落实服务化战略的过程中会对客户参与给予更多重视,因此制造企业的战略匹配一致性程度对客户参与程度存在正向影响。

基于以上分析提出假设:

假设 H_{SA-1}:制造企业的战略匹配一致性对企业服务化绩效存在正向影响;

假设 H_{SA-2}:制造企业的战略匹配一致性对企业的服务创新能力存在正向影响;

假设 H_{SA-3}:制造企业的战略匹配一致性对客户参与程度存在正向影响。

(4) 客户参与程度。

客户参与程度是指客户参与或卷入企业产品生产和服务交付的程度。从生产与消费的关系视角而言,企业的产品生产和服务交付离不开消费活动,而客户作为消费活动的主体,在很大程度上决定了产品服务体验的质量,因此客户和员工互动参与企业产品服务包生产的联合生产方式或合作生产方式为制造企业服务化转型和差异化竞争优势的获取提供了一条有益的发展路径[138]。制造企业通过运用某种手段或方式将客户引入产品服务包的设计、研发、销售、售后等运营活动过程中,从中分析、挖掘和获取客户需求信息,并适时进行沟通和确认,能够使企业提供的产品服务组合实现客户的价值预期,从而在稳定现有客户群体的同时,发展新的客户群体,进而提升服务化绩效[139]。制造企业主要通过客户的购买行为和产品服务生命周期的参与获取需求信息,两种方式的综合使用能够有效避免信息传递失真,准确发现客户需求的多样化和个性化特征,促使企业不断创新,满足市场需求,因此,客户的参与程度理应能促进企业服务创新能力的提升[140]。服务化过程中,客户的信息性参与、个人态度性的参与和可操作性的参与在很大程度上能够改善客户对产品和服务的感知[138],且企业愈加重视和激励客户参与服务创新,客户获得的收益增加值越大[141]。

基于以上分析提出假设。

假设 H_{CP-1}：客户参与程度对制造企业的服务化绩效存在正向影响;

假设 H_{CP-2}：客户参与程度对制造企业的服务创新能力存在正向影响;

假设 H_{CP-3}：客户参与程度对客户感知价值存在正向影响。

(5) 服务创新能力。

创新即使用新解决方案去满足新的或现有客户需求的过程,它可以看作是信息、思想、物质及人员等创新要素在创新目标下的流动重组过程[136]。将服务与创新相结合的服务创新活动为制造企业实现服务化转型和创造竞争优势提供了崭新的视角。Ostrom 等学者[142]认为服务创新是将一种通过新的服务或更新的现有服务付诸实践,依托新型的或已改进的服务提供、服务流程与服务商业模式为客户、员工、合作伙伴创造价值,为制造企业的发展创造利润的过程。目前,旨在为客户提供多样化、个性化产品服务组合的服务创新方式与理念已成为制造企业获利的主要手段,制造企业通过开展一系列的服务创新活动,能使其服务化程度有所提升、质量有所增进,企业绩效有所提高[143—146]。因此,服务创新能力已成为制造企业实现产品差异化、创造客户价值、提升服务质量和维持竞争优势的关键要素。许晖等[147]基于价值驱动视角认为服务创新能力的构建对制造企业服务化转型及绩效的提升有着显著影响。在组织创新氛围中,服务创新能力则对企业绩效存在更加显著的正向影响[148]。鉴于客户需求的多样性和独特性等特征,曲婉等[149]从服务创新和价值迁移视角指出：针对客户需求的服务活动创新程度越高,越能提升客户的感知价值。因此,基于客户需求的服务创新能力越强,客户感知的价值越高。

基于以上分析提出假设:

假设 H_{SI-1}:制造企业的服务创新能力对制造企业的服务化绩效存在正向影响;

假设 H_{SI-2}:制造企业的服务创新能力对客户感知价值存在正向影响。

(6)客户感知价值。

在高度竞争的市场环境中,客户被视为企业重要的无形资产,成为制造企业实施服务化战略过程中需要特别关注的一个核心角色。在服务接触过程中,客户基于其所得收益和为此付出的成本的权衡对产品服务包的效用做出整体评价,并基于此做出购买决策,即客户感知价值是购买意愿的主要前提[148]。一般来说,客户感知价值通过客户对企业产品服务包的满意度与忠诚度来测度[149]。客户感知价值的提升不仅帮助企业获得了有关客户态度与行为的客户资产,还会增进客户对企业的忠诚度、对产品与服务的满意度以及再度购买意愿,从而为企业创造持续利润[150]。陈菊红等[106]基于客户价值视角探讨制造企业服务嵌入时机时,认为客户价值即客户满意度,它在一定范围内受到客户期望价值与感知价值的影响。当企业提供的产品与服务的个性化水平、质量和性能达到或超过客户预期时,将会促进客户感知价值的提升,进而增进制造企业的服务化绩效。陕西汽车控股集团有限公司基于"客户支持模式",在服务化战略实施过程中力求最大限度地满足客户个性化需求,使客户获取良好的产品知觉,促成对企业服务化绩效的正向效应[151]。

基于以上分析提出假设:

假设 H_{CPV}:客户感知价值对制造企业的服务化绩效存在正向影响。

5.1.2 概念模型的提出

通过对上述影响因素之间及影响因素对服务化绩效影响的理论分析，本书基于理论假设构建出如图 5-1 所示的制造企业服务化绩效影响机理概念模型。

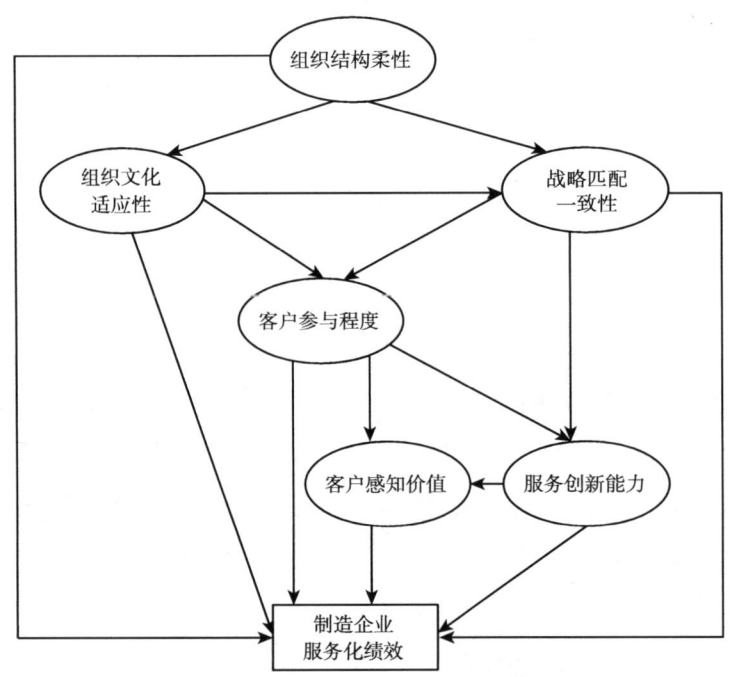

图 5-1 制造企业服务化绩效影响机理概念模型

由该模型可以看出，组织结构柔性、组织文化适应性、战略匹配一致性、客户参与程度、服务创新能力以及客户感知价值之间存在影响且直接或间接对服务化绩效产生影响。

5.1.3 变量设计与测量

基于图 5-1 所示的制造企业服务化绩效影响机理概念模型图和前

第5章 制造企业服务化绩效影响机理研究

面的理论假设，本章共涉及 7 个变量，分别为组织结构柔性、组织文化适应性、战略匹配一致性、客户参与程度、服务创新能力、客户感知价值以及制造企业服务化绩效。与第 4 章相一致，组织结构柔性（Organizational Flexibility, OF）从管理者的组织管理能力、服务化战略在组织内部执行的流畅性、组织的动态环境应对能力以及组织内部生产制造与服务的有效融合程度来反映，其四个观测变量的变量标识分别为 OF1、OF2、OF3、OF4；组织文化适应性（Organizational Culture, OC）从企业文化的开放性与共享性、企业文化提升员工对服务化战略认同感的有效性以及企业对服务营销文化的重视程度三方面来反映，其三个观测变量的变量标识分别为 OC1、OC2、OC3；战略匹配一致性（Strategic Alignment, SA）分别从各级管理者对服务化战略了解程度、员工的战略认同感以及战略的执行效果三个子因素来测度，其三个观测变量的变量标识分别为 SA1、SA2、SA3；客户参与程度（Customer Participation, CP）从企业对客户参与和体验的重视程度、调研客户需求频率、客户满意度评估频率三个子因素来测度，其三个观测变量的变量标识分别为 CP1、CP2、CP3；服务创新能力（Service Innovation, SI）从企业对员工培训的重视程度、企业部门间的合作频率、员工之间互助合作心态以及客户获取的产品服务的个性化程度四个方面来测度，其四个观测变量的变量标识分别为 SI1、SI2、SI3、SI4；客户感知价值（Customer Perceived Value, CPV）从制造企业提供物的定制化程度、产品服务质量与特性、客户的满足程度、客户反馈的调查频率四方面进行测度，其四个观测变量的变量标识分别为 CPV1、CPV2、CPV3、CPV4；上述指标采用李克特量表法进行评估，共分为 5 个等级，即 1 代表"非常不同意"，2 代表"基本不同意"，3 代表"一般"，4 代表"基本同意"，5 代表"非常同意"，分别用"1、2、3、4、5"计分。基于研究的客观性和现实性，制造企业服务化绩效采用前面第 3 章中通过结构方程模型的验证性因子分析技术所确定的指标权重系数进行测度。本章中抽取的潜在变量的测量题项以及变量标识见表 5-1。

表5-1　　潜在变量的测量题项及变量标识

潜在变量	测量题项	变量标识
组织结构柔性化（Organizational Flexibility, OF）	本企业各级管理者具有良好的组织管理能力	OF1
	本企业的组织机构能够很好地为服务化战略目标服务	OF2
	本企业能够根据需求的变化快速地调整经营目标	OF3
	本企业生产制造和服务能够得到有效融合	OF4
组织文化适应性（Organizational Culture, OC）	本企业拥有较为开放、共享的组织文化	OC1
	本企业文化能够有效促进公司员工对服务化战略目标的认同	OC2
	本企业非常重视"产品+服务"的营销文化	OC3
战略匹配一致性（Strategic Alignment, SA）	本企业的各级管理者了解公司的战略	SA1
	本企业员工对于公司服务化战略具有较强的认同感	SA2
	有关服务化的各项制度在公司能够得到很好的执行	SA3
客户参与程度（Customer Participation, CP）	本企业非常重视客户的参与和体验	CP1
	本企业经常对客户的需求进行调研	CP2
	本企业会经常评估客户满意度和忠诚度	CP3
服务创新能力（Service Innovation, SI）	本企业非常重视对员工的培训	SI1
	本企业内部各部门之间的合作非常密切	SI2
	本企业各部门员工间进行非常坦诚的互助和合作	SI3
	本企业能够根据客户需求提供个性化服务	SI4
客户感知价值（Customer Perceived Value, CPV）	本企业能够为客户提供量身定制的产品和服务	CPV1
	本企业提供的"产品+服务"基本能够满足客户需求	CPV2
	本企业提供的"产品+服务"信息丰富准确，价格合理	CPV3
	本企业定期调查终端客户对产品和服务的评价	CPV4

5.1.4　研究模型的建立

Diamantopoulos 与 Siguaw 认为结构方程模型的分析程序有 8 个步骤：①模型的概念化（model conceptualization）；②路径图的构建（path diagram construction）；③模型的确认（model specification）；

第5章 制造企业服务化绩效影响机理研究

④模型的辨识（model identification）；⑤参数的估计（parameter estimation）；⑥模型适配度的评估（assessment of model fit）；⑦模型的修改（model modification）；⑧模型的复核效化（model cross-validation）。[①]

（1）模型的设定。

模型的概念化是指依据理论假设或实证经验来发展模型中的潜在变量及其观测变量，它与路径图的构建和模型的确认被统称为模型的设定。将上面的概念模型转换为结构方程模型，如图5-2所示。

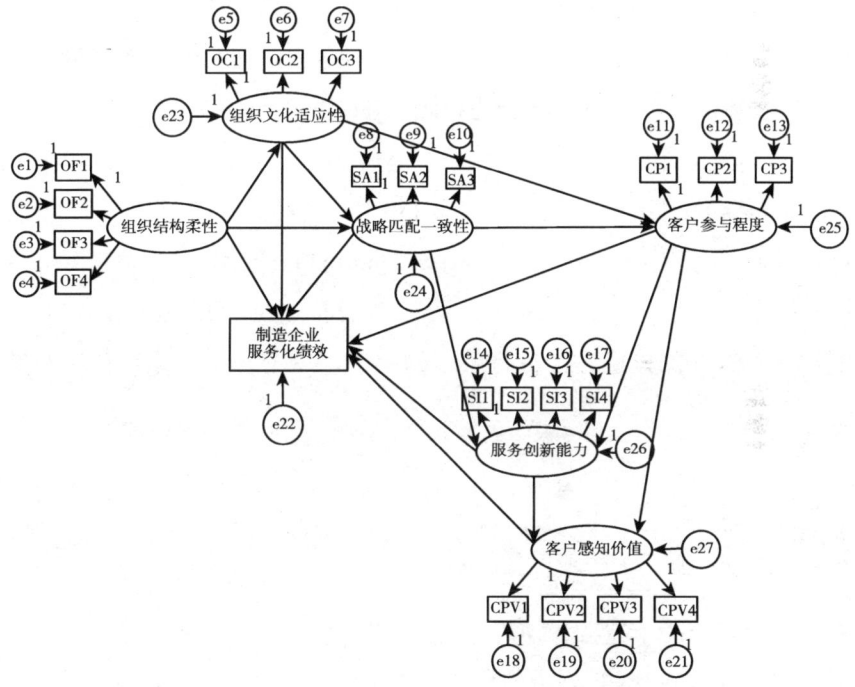

图5-2 制造企业服务化绩效影响机理结构方程模型图

在此概念模型中，共有6个潜在变量，即"组织结构柔性""组织文化适应性""战略匹配一致性""客户参与程度""服务创新能

---

① 吴明隆. 结构方程模型：AMOS的操作与应用（第2版）[M]. 重庆：重庆大学出版社，2010.

力""客户感知价值"。其中"组织结构柔性"为外因潜在变量,"组织文化适应性""战略匹配一致性""客户参与程度""服务创新能力""客户感知价值"为内因潜在变量,并且以上 6 个潜在变量均为本书中选取的自变量。图 5-2 中的 OF1-OF4、OC1-OC3、SA1-SA3、CP1-CP3、SI1-SI4、CPV1-CPV4 等 21 个观测变量分别为以上 6 个潜在变量的观测指标。另外,"制造企业服务化绩效"是通过使用结构方程二阶因子分析模型确定各级指标权重,并使用本书 3.3.5 节所示的制造企业服务化绩效计算公式进行计算所得,因此将其定义为模型中的观测变量,即为本书中的因变量。e1-e22 等为各观测变量各自对应的误差项,e23-e27 分别为内因潜在变量对应的误差项。

(2) 模型的识别。

一般来说,结构方程模型的识别形态主要分为三种:正好识别 (just-identified)、过度识别 (over-identified) 和识别不足 (under-identified)[102]。在研究过程中,研究者们希望提供的是过度识别模型,只有这样的模型才能进行后续的程序。一个符合可识别条件的模型应当满足 t 法则,即 $t \leqslant \frac{1}{2}k(k+1)$,其中 k 为模型中观测变量的数目,t 是模型中的自由参数个数。在本模型中,$k=22$,$t=55$,则可得 $55 \leqslant 253$,满足 t 法则;其相对自由度 $df = \frac{1}{2}k(k+1) - t = 198$,则 $df > 0$,模型为过度识别模型,符合研究需要。

(3) 模型的估计。

在结构方程模型分析中,模型参数的估计一般是依托 AMOS (analysis of moment structures) 或 LISREL (linear structural relationships) 程序来判别假设概念模型隐含的协方差矩阵是否等于观察或实际的协方差矩阵,也就是说假设模型与实际观察数据是否相契合。在 AMOS 分析中,模型的估计方法主要有五种:极大似然法 (maximum likelihood)、一般最小二乘法 (generalized least squares)、无加权最小二乘法（unweighted least squares）、自由度量最小二乘法（scale-free least squares）、渐进分布自由法（asymptotically distribution-free）[102]。本章中的模型估计采用极大似然法进行。

（4）模型适配度的评估。

模型适配度的评估主要是对所设定的模型与实际数据之间的适配程度进行检验，它并不能说明所构建的模型图的好坏，只能说明假设的理论模型与实际获得的数据间的一致性程度。对结构方程模型整体适配度的评价主要采用三种指数来进行：绝对适配度指数、增值适配度指数以及简约适配度指数。结构方程模型适配度评价指标及具体评价标准见表 5-2。

表 5-2　结构方程模型适配度评价指标及具体评价标准

统计检验量		评价标准
绝对适配度指标	GFI	>0.90，越靠近 1 越好
	AGFI	>0.90，越靠近 1 越好
	RMR	<0.05，越小越好
	RMSEA	<0.05（适配良好）；<0.08（适配合理）
增值适配度指标	TLI	>0.90，越靠近 1 越好
	CFI	>0.90，越靠近 1 越好
	IFI	>0.90，越靠近 1 越好
简约适配度指标	PGFI	>0.05，越大越好
	PNFI	>0.05，越大越好
	χ^2/df	$1<\chi^2/df<3$

（5）模型的修正。

在模型的适配度评估过程中，若模型的适配指数未达到评价标准，则需要对初始模型进行修正。模型修正有助于认识初始模型的缺陷，并且还能得到其他替代模型的启示。要改进一个契合不好的模型，可以通过以下方法来进行，比如改变其测量模型、增加新的结构参数、设定某些误差项相关或者限制某些结构等[102,152]。本章依托

AMOS 工具，通过修正指数来找出如何重新设定模型的突破口，以增加模型的适配度。

5.2 制造企业服务化绩效影响机理的实证分析

本节主要基于上一节提出的制造企业服务化绩效影响机理结构方程模型图，对制造企业服务化绩效的影响机理进行实证分析。首先，再次给出实证分析中所需变量和所属量表的信度系数；其次，基于验证性因子分析再次对效度水平进行检验；再次，进行概念模型的整体拟合与修正；最后，得到最终的制造企业服务化绩效影响机理模型图和输出结果。

5.2.1 信度分析

首先对结构方程模型中所包含的变量及其所属量表的信度进行检验，本书使用 Cronbach's α 系数和综合信度 ρ_c 系数对其进行评价，测量反映同一变量的多个题项之间的内部一致性程度。具体结果见表 5-3。

表 5-3   内部一致性信度系数

量表名称	问项数	Cronbach's α	综合信度 ρ_c 系数
组织结构柔性（OF）	4	0.875	0.8308
组织文化适应性（OC）	3	0.877	0.8483
战略匹配一致性（SA）	3	0.876	0.8181
客户参与程度（CP）	3	0.883	0.8618
服务创新能力（SI）	4	0.878	0.8850
客户感知价值（CPV）	4	0.878	0.8650

由表 5-3 可知，调查问卷中组织结构柔性、组织文化适应性、战略匹配一致性、客户参与程度、服务创新能力以及客户感知价值各维度量表的 Cronbach's α 系数处于 0.875~0.883，均在

0.80 以上；组合信度 ρ_c 系数处于 0.8181～0.8850，均超过 0.70 的最低要求，表明本书中所开发和使用的量表具有较好的内部一致性信度。

5.2.2 基于验证性因子分析的效度检验

为了进一步确定量表与数据是否适合进行因子分析，以便建立量表的结构效度，本书采用主成分分析方法对各个潜在变量进行降维分析。通过对测度各潜在变量的量表进行探索性因子分析，整体量表的 KMO 值为 0.842，大于 0.80，Bartlett 检验的显著值为 0.000，小于 0.01，表明适合进行因子分析。

表 5-4　　　　　　　　　KMO 和 Bartlett 的检验

取样足够度的 Kaiser-Meyer-Olkin 度量		0.842
Bartlett 的球形度检验	近似卡方	879.607
	df	15
	Sig.	0.000

为了探究各量表的因素结构模型是否与实际收集到的数据相契合，各观测变量是否可以有效作为潜在变量的测量变量，此部分在上一节的结构方程模型图的基础上建立了验证性因子分析测量模型，并运用 AMOS 17.0 对其进行验证性因子分析，运行结果如图 5-3 所示。该测量模型的因子载荷、测量误差以及显著性情况见表 5-5。基于验证性因子分析的模型拟合指数情况见表 5-6，卡方自由度比值大于 1 小于 3；GFI、CFI、IFI、TLI 参数值均大于 0.9 且接近于 1；RMSEA 值小于 0.08；RMR 值小于 0.05；虽然 AGFI 值未大于 0.9，但从模型与实际数据的整体配适度来看也可以接受；总体来说，模型具有良好的结构效度且整体适配度较好，可以对整体结构方程模型进行分析与检验。

基于制造企业服务化绩效影响机理的服务化策略研究

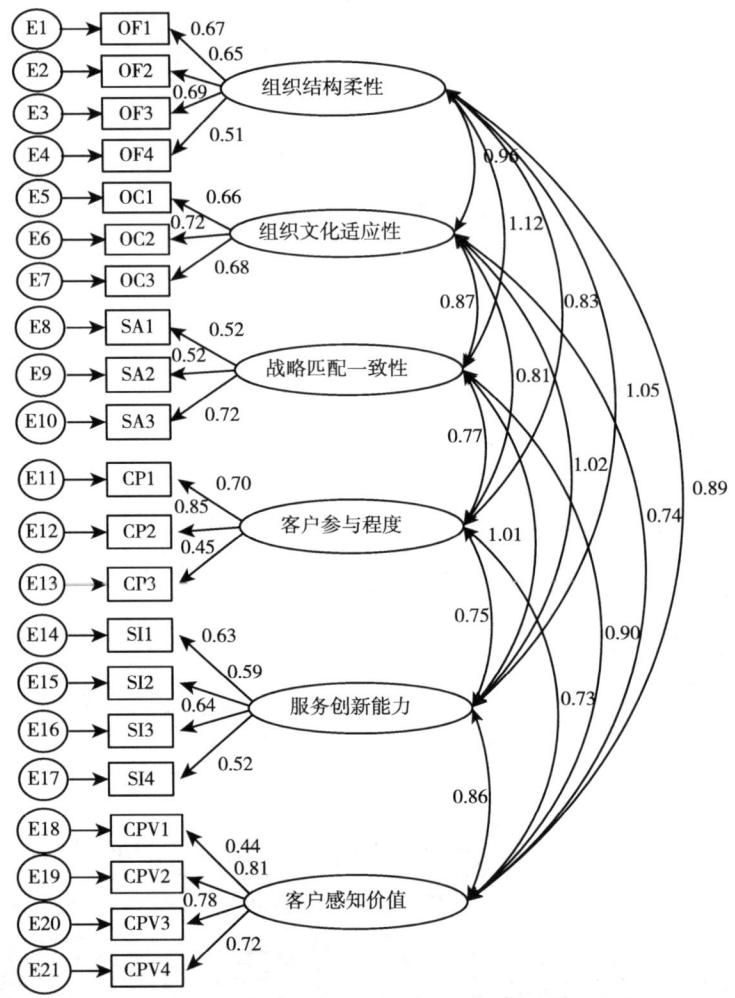

图 5-3 验证性因子分析测量模型

表 5-5 验证性因子分析的因子载荷、测量误差以及显著性

变量		非标准化载荷	标准化载荷	测量误差	P 值
组织结构柔性	OF1	1.273	0.672	0.239	***
	OF2	1.313	0.646	0.251	***
	OF3	1.435	0.692	0.265	***
	OF4	1.000	0.509		***

续表

变量		非标准化载荷	标准化载荷	测量误差	P值
组织文化适应性	OC1	0.881	0.662	0.139	***
	OC2	1.119	0.718	0.164	***
	OC3	1.000	0.675		***
战略匹配一致性	SA1	0.808	0.516	0.145	***
	SA2	0.732	0.524	0.130	***
	SA3	1.000	0.720		***
客户参与程度	CP1	1.368	0.449	0.316	***
	CP2	1.821	0.850	0.400	***
	CP3	1.000	0.696		***
服务创新能力	SI1	1.175	0.517	0.230	***
	SI2	0.893	0.637	0.183	***
	SI3	1.200	0.586	0.234	***
	SI4	1.000	0.634		***
客户感知价值	CPV1	0.652	0.722	0.149	***
	CPV2	1.093	0.779	0.137	***
	CPV3	1.081	0.809	0.140	***
	CPV4	1.000	0.437		***

注：*** 代表显著性水平 $P < 0.001$。

表 5-6　　　　　验证性因子分析模型拟合指数

拟合参数	χ^2/DF	RMR	RMSEA	GFI	AGFI	CFI	IFI	TLI
参数值	1.459	0.047	0.063	0.903	0.839	0.925	0.928	0.907

5.2.3　结构方程模型分析

（1）模型的初步拟合。

将构建的模型（如图 5-2 所示）使用 AMOS 17.0 工具进行初步的模型拟合分析，以检验模型的拟合度和提出的理论假设。本书将以表 5-2 所示的结构方程模型适配度评价指标及具体评价标准为基准，来评价初始模型与实际数据的契合程度。

表 5-7 初始模型拟合指数

统计检验量		研究结果	评价标准
绝对适配度指标	GFI	0.770	>0.90，越靠近 1 越好
	AGFI	0.702	>0.90，越靠近 1 越好
	RMR	0.049	<0.05，越小越好
	RMSEA	0.091	<0.05（适配良好）；<0.08（适配合理）
增值适配度指标	TLI	0.844	>0.90，越靠近 1 越好
	CFI	0.868	>0.90，越靠近 1 越好
	IFI	0.872	>0.90，越靠近 1 越好
简约适配度指标	PGFI	0.594	>0.05，越大越好
	PNFI	0.649	>0.05，越大越好
	χ^2/df	1.952	$1<\chi^2/df<3$

从表 5-7 中可以看出，初始模型的卡方自由度比值大于 1 小于 3；CFI、IFI、TLI 参数值均接近于 0.9，RMR 值小于 0.05，GFI、AGFI 值、RMSEA 值尚未满足适配条件，就模型的整体适配情况而言，初始模型需基于修正指数和其他适配标准进行进一步的修正。

（2）模型的修正。

在对初始模型初步修正基础上，还需要结合模型中各参数统计意义上的显著性情况对模型进行修正。因为在某些情况下，即使模型的各项拟合指数均已达到评价标准，但也存在模型中一些参数的估计值未通过显著性检验，不具备统计意义。在 AMOS 中主要用 C.R. 值（Critical Ratio）的取值范围来判定模型中各项参数是否具有统计显著意义。在实际应用中，若某一条路径系数的 C.R. 值小于 1.96，则相对应的 P 值大于 0.05，表明未达到显著性水平，研究者便可以删除此类作用路径，然后重新进行模型拟合。同时，也可基于修正指数通过设定某些误差项相关或者限制某些结构对初始模型进行修正。

第5章 制造企业服务化绩效影响机理研究

在本章中，通过运行初始结构方程模型之后发现：组织结构柔性分别对战略匹配一致性和制造企业服务化绩效的直接作用路径、组织文化适应性对制造企业服务化绩效的直接作用路径、战略匹配一致性与客户参与程度分别对制造企业服务化绩效的直接作用路径、客户参与程度对客户感知价值及制造企业服务化绩效的直接作用路径等路径系数的 C. R. 值小于 1.96，P 值大于 0.05，未通过显著性检验，故删除初始模型中的上述作用路径。修正后的模型如图 5-4 所示。

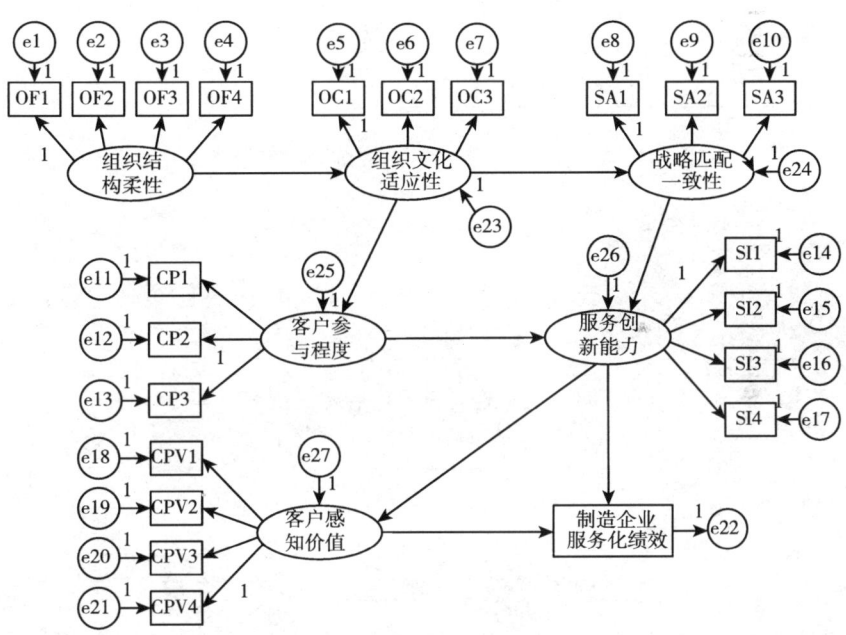

图 5-4 修正后的制造企业服务化绩效影响机理结构方程模型

修正后的模型拟合情况如表 5-8 所示。可以看出，修正后的模型的卡方自由度比值大于 1 小于 3；GFI、AGFI、CFI、IFI、TLI 参数值均大于 0.9 且接近于 1；RMSEA 值小于 0.08；RMR 值小于 0.05；修正后的模型拟合程度较初始模型的拟合程度有了进一步提升。就模型的整体适配情况而言，修正后的模型拟合情况更好。

表 5-8　　　　　　　　修正后的模型拟合指数

统计检验量		修正前	修正后
绝对适配度指标	GFI	0.770	0.952
	AGFI	0.702	0.901
	RMR	0.049	0.045
	RMSEA	0.091	0.063
增值适配度指标	TLI	0.844	0.933
	CFI	0.868	0.955
	IFI	0.872	0.968
简约适配度指标	PGFI	0.594	0.622
	PNFI	0.649	0.674
	χ^2/df	1.952	1.728

修正后的模型路径系数输出图及显著性检验结果见图 5-5 和表 5-9：

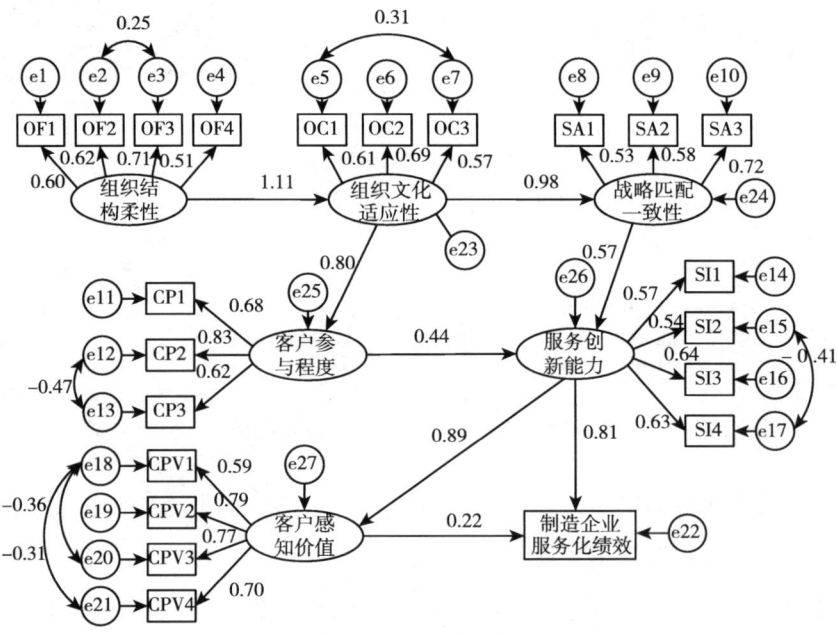

图 5-5　修正后的制造企业服务化绩效影响机理模型路径系数输出图

表 5-9　修正后的模型路径系数及显著性检验结果

路径		标准化路径系数	临界比（C. R.）	P 值
组织结构柔性	→ 组织文化适应性	1.113	5.362	***
组织文化适应性	→ 战略匹配一致性	0.984	4.905	***
组织文化适应性	→ 客户参与程度	0.798	5.060	***
客户参与程度	→ 服务创新能力	0.439	3.344	***
战略匹配一致性	→ 服务创新能力	0.570	3.812	***
服务创新能力	→ 客户感知价值	0.889	5.639	***
服务创新能力	→ 服务化绩效	0.807	5.536	***
客户感知价值	→ 服务化绩效	0.223	2.276	0.023

注：→表示因果关系；*** 表示 $p<0.001$ 显著。

5.3　结果解释

本节基于所得到的制造企业服务化绩效影响机理最终的模型图和输出结果，对图中所呈现的各种路径及作用效应效果进行分析，以揭示和明确制造企业服务化绩效各影响因素之间以及各因素作用于服务化绩效的影响机理"黑箱"。

5.3.1　服务化绩效影响因素效应分解分析

结构方程模型分析中除了能够直观表现出各个变量之间的相互作用之外，还可以从 AMOS 工具的"View Text"中获取组织结构柔性、组织文化适应性、战略匹配一致性、客户参与程度、服务创新能力、客户感知价值以及服务化绩效等 7 个变量之间的间接效应和总效应，并将其作用效应定量化。相关变量间的直接效应体现为路径系数，间接效应体现为各相关变量间相应的路径系数之积,总效应则体现为直接效应与间接效应之和,详见表 5-10。

表 5-10   变量间的直接、间接和总效应分析

路径			直接效应	间接效应	总效应
组织结构柔性	→	组织文化适应性	1.113	—	1.113
组织结构柔性	→	客户参与程度	—	0.888	0.888
组织结构柔性	→	战略匹配一致性	—	1.095	1.095
组织结构柔性	→	服务创新能力	—	1.013	1.013
组织结构柔性	→	客户感知价值	—	0.900	0.900
组织结构柔性	→	服务化绩效	—	1.019	1.019
组织文化适应性	→	战略匹配一致性	0.984	—	0.984
组织文化适应性	→	客户参与程度	0.798	—	0.798
组织文化适应性	→	服务创新能力	—	0.910	0.910
组织文化适应性	→	客户感知价值	—	0.809	0.809
组织文化适应性	→	服务化绩效	—	0.916	0.916
客户参与程度	→	服务创新能力	0.439	—	0.439
客户参与程度	→	客户感知价值	—	0.390	0.390
客户参与程度	→	服务化绩效	—	0.441	0.441
战略匹配一致性	→	服务创新能力	0.570	—	0.570
战略匹配一致性	→	客户感知价值	—	0.506	0.506
战略匹配一致性	→	服务化绩效	—	0.573	0.573
服务创新能力	→	客户感知价值	0.889	—	0.889
服务创新能力	→	服务化绩效	0.807	0.198	1.005
客户感知价值	→	服务化绩效	0.223	—	0.223

(1) 组织结构柔性。

制造企业的组织结构柔性对组织文化适应性存在直接影响,且直接影响效应系数为 1.113;其对客户参与程度、战略匹配一致性、服务创新能力、客户感知价值以及服务化绩效均存在间接影响,且间接影响效应系数分别为 0.888、1.095、1.013、0.900、1.019;组织结构柔性对组织文化适应性等 6 个变量的总影响效应排序为组织文化适

第 5 章 制造企业服务化绩效影响机理研究

应性（1.113）＞战略匹配一致性（1.095）＞服务化绩效（1.019）＞服务创新能力（1.013）＞客户感知价值（0.900）＞客户参与程度（0.888）。在 6 个潜在变量中，组织结构柔性对制造企业服务化绩效的影响效应居首位，表明制造企业组织内部的结构柔性化程度对服务化绩效的提升存在重要影响。从构成组织结构柔性的 4 个观测指标来看，企业对动态环境变化（OF3，0.71）的应对能力对组织结构柔性的影响最大，能够充分反映其构念。

（2）服务创新能力。

制造企业的服务创新能力对客户感知价值存在直接影响，其影响效应系数为 0.889；然而服务创新能力对制造企业的服务化绩效不仅存在直接影响，也存在间接影响，其直接和间接影响效应系数分别为 0.807 和 0.198，总效应为 1.005。在 6 个潜在变量中，服务创新能力对制造企业服务化绩效的影响效应居于第 2 位，可见服务创新能力的提升与强化对制造企业的服务化绩效也具有重要影响。就服务创新能力的观测指标构成而言，4 个观测指标对服务创新能力的作用相当，几近均衡地反映出服务创新能力构念。

（3）组织文化适应性。

制造企业的组织文化适应性对战略匹配一致性和客户参与程度均存在直接影响，且直接影响效应系数分别为 0.984 和 0.798；其对服务创新能力、客户感知价值及服务化绩效存在间接影响，间接影响效应系数分别为 0.910、0.809 和 0.916；组织文化适应性对战略匹配一致性等 5 个变量的总影响效应排序为战略匹配一致性（0.984）＞服务化绩效（0.916）＞服务创新能力（0.910）＞客户感知价值（0.809）＞客户参与程度（0.798）。在 6 个潜在变量中，组织文化适应性对制造企业服务化绩效的影响效应居于第 3 位，说明其能为制造企业服务化战略的执行与实施创造良好的文化环境氛围。从构成组织文化适应性的 3 个观测指标来看，员工的战略认同感（OC2，0.69）对组织文化适应性影响最大，较为充分地反映了组织文化适应性这一构念。

（4）战略匹配一致性。

制造企业的战略匹配一致性对服务创新能力存在直接影响，同时对客户感知价值和服务化绩效存在间接影响，其直接和间接影响效应系数分别为0.570、0.506和0.573；并且战略匹配一致性对上述三个变量的总影响效应排序为服务化绩效（0.573）>服务创新能力（0.570）>客户感知价值（0.506）。在6个潜在变量中，战略匹配一致性对制造企业服务化绩效的影响效应居于第4位，其对制造企业服务化战略的顺利进行起着推动和保障作用。就构成战略匹配一致性构念的3个观测指标而言，服务化的各项制度的高度执行性（SA3，0.72）对战略匹配一致性影响最大，充分反映了战略匹配一致性构念。

（5）客户参与程度。

制造企业在运营过程中的客户参与程度对其服务创新能力存在直接影响，且影响效应系数为0.439；其对客户感知价值和服务化绩效存在间接影响，影响系数分别为0.390和0.441；客户参与程度对这3个变量的总影响效应排序为服务化绩效（0.441）>服务创新能力（0.439）>客户感知价值（0.390）。在6个潜在变量中，客户参与程度对制造企业服务化绩效的影响效应居于第5位。客户参与程度对制造企业服务化绩效的总影响效应较小，其通过直接影响制造企业的服务创新能力，进而间接对服务化绩效产生影响。从客户参与程度的观测指标构成来看，经常对客户的需求进行调研（CP2，0.83）对客户参与程度的提升有着促进作用，能够充分反映客户参与程度这一构念。

（6）客户感知价值。

客户感知价值对制造企业的服务化绩效也存在直接影响，且影响效应系数为0.223。在6个潜在变量中，客户感知价值对制造企业服务化绩效的影响效应居于末位，其对制造企业服务化绩效的作用效应略小可能是由于客户感知作为一种心理概念的抽象性与不稳定性，制造企业在实际营销过程中难以有效持续建立客户对企业产品服务的满意度和忠诚度。就客户感知价值的4个观测指标而言，客户对制造企业提供的产品服务的满意度（CPV2，0.79）对客户感知价值影响最大，更能反映客户感知价值这一构念。

本书中组织结构柔性、组织文化适应性、战略匹配一致性、客户参与程度、服务创新能力、客户感知价值6个潜在变量对制造企业服务化绩效的总影响效应排序为组织结构柔性（1.019）＞服务创新能力（1.005）＞组织文化适应性（0.916）＞战略匹配一致性（0.573）＞客户参与程度（0.441）＞客户感知价值（0.223）。

5.3.2 制造企业服务化绩效的影响机理分析

制造企业的服务化绩效受到多种因素的综合影响，修正后的制造企业服务化绩效影响机理路径模型图（如图5-5所示）展现了组织结构柔性、组织文化适应性、战略匹配一致性、服务创新能力、客户参与程度以及客户感知价值之间的作用关系与作用路径，同样也明确了上述六个影响因素对制造企业服务化绩效的作用关系与作用路径，揭示了制造企业服务化绩效影响因素之间以及因素作用于服务化绩效的影响机理"黑箱"，为制造企业进行服务化转型升级的策略选择指明了方向。

从图5-5的路径图中可以看出，组织结构柔性对制造企业服务化绩效的作用路径共有四条，分别为：①组织结构柔性通过组织文化适应性、战略匹配一致性及服务创新能力对制造企业服务化绩效的作用路径；②组织结构柔性通过组织文化适应性、战略匹配一致性、服务创新能力及客户感知价值对制造企业服务化绩效的作用路径；③组织结构柔性通过组织文化适应性、客户参与程度以及服务创新能力对制造企业服务化绩效的作用路径；④组织结构柔性通过组织文化适应性、客户参与程度、服务创新能力以及客户感知价值对制造企业服务化绩效的作用路径。

组织文化适应性对制造企业服务化绩效的作用路径也有四条，分别为：①组织文化适应性通过战略匹配一致性、服务创新能力对制造企业服务化绩效的作用路径；②组织文化适应性通过战略匹配一致性、服务创新能力以及客户感知价值对制造企业服务化绩效的作用路径；③组织文化适应性通过客户参与程度、服务创新能力对制造企业服务化绩效的作用路径；④组织文化适应性通过客户参与程度、服务创新能力以及客户感知价值对制造企业服务化绩效的作用路径。

战略匹配一致性对制造企业服务化绩效的作用路径有两条，分别为：①战略匹配一致性通过服务创新能力对制造企业服务化绩效的作用路径；②战略匹配一致性通过服务创新能力和客户感知价值对制造企业服务化绩效的作用路径。

客户参与程度对制造企业服务化绩效的作用路径同样也有两条，分别为：①客户参与程度通过服务创新能力对制造企业服务化绩效的作用路径；②客户参与程度通过服务创新能力和客户感知价值对制造企业服务化绩效的作用路径。

服务创新能力对制造企业服务化绩效的作用路径有两条，分别为：①服务创新能力直接作用于制造企业服务化绩效的作用路径；②服务创新能力通过客户感知价值对制造企业服务化绩效的作用路径。

客户感知价值只含有一条直接作用于制造企业服务化绩效的作用路径。

基于以上分析，后面内容将基于各变量间的影响机理对推动制造企业服务化绩效提升的相关策略进行分析。

5.4 本章小结

本章旨在通过构建基于理论基础的制造企业服务化绩效影响机理

概念模型，对制造企业服务化绩效的影响机理进行实证分析，以明确和揭示制造企业服务化绩效影响因素之间以及因素作用于服务化绩效的影响机理"黑箱"，为制造企业进行服务化转型升级的发展战略选择指明方向，为制定推进制造业转型升级的扶持策略提供参考。本章内容主要分为三部分：第一部分基于上一章的相关研究成果，在选取影响系数大于0.30的制造企业服务化绩效影响因素，即组织结构柔性、组织文化适应性、战略匹配一致性、服务创新能力、客户参与程度以及客户感知价值的基础上，基于理论层面的分析提出了相关的研究假设，定义与测量了本章研究所需变量，并结合结构方程模型原理构建出关于制造企业服务化绩效影响机理结构方程模型图。第二部分主要基于制造企业服务化绩效影响机理结构方程模型图，对制造企业服务化绩效的影响机理进行实证分析，其中包括对实证分析中所需变量和所属量表的信度效度检验、整体拟合度分析、模型的修订与再次拟合。第三部分基于所得到的制造企业服务化绩效影响机理最终的模型图和输出结果，对图中所呈现的各种路径及作用效应效果进行分析，揭示和明确了制造企业服务化绩效各影响因素之间以及各因素作用于服务化绩效的影响机理"黑箱"。

第6章将从制造企业服务化绩效影响机理出发，基于制造企业微观视角和政府宏观视角，提出促进制造企业服务化绩效提升的参考性策略与扶持策略。

第 6 章　基于服务化绩效影响机理的制造企业服务化策略研究

6.1 基于服务化绩效影响机理的企业发展策略

本节将基于制造企业服务化绩效影响机理,从企业微观视角提出一些推动制造企业服务化绩效提升的策略,以期为制造企业转型升级的顺利进行提供一些参考性建议。

6.1.1 构建适度柔性组织结构,提升组织应变能力

产品服务包的提供是制造企业各部门及企业与供应链上下游合作伙伴协调运作的结果,是各部门灵活运用部门内外资源及各种资源合理配置和集成的过程。这一过程对制造企业组织结构的柔性化程度提出了较高的要求。

组织结构柔性在整个制造企业服务化绩效影响机理中处于源头性地位,它通过对组织文化适应性、战略匹配一致性、服务创新能力、客户参与程度和客户感知价值产生不同程度的正向影响,进而正向作用于制造企业的服务化绩效,并且作用效应最大。在组织结构柔性对制造企业服务化绩效的四条作用路径中,第一条路径(组织结构柔性→组织文化适应性→战略匹配一致性→服务创新能力→制造企业服务化绩效)的作用效应最大,效应系数为0.502。因此,制造企业服务化战略有效推行的条件之一就是提升企业组织结构的柔性化程度。

组织结构柔性化的提升要求制造企业要尽可能规避原有组织结构的刚性、封闭性与静止性等劣势[137],基于自身实际情况,以"事业部制"组织模式为蓝本,根据产品的研发与设计、加工与制造以及售后服务等价值链阶段,建立起适合本企业发展的适度柔性化组织结

第6章　基于服务化绩效影响机理的制造企业服务化策略研究

构模式,以缩短组织内部层级之间信息传递的响应时间,降低信息失真率,从只依靠上级协调、服从上级命令的传统管理模式向学习型、工作团队型、网络化、模块化组织管理模式进行转变。此外,要促进传统的组织结构向有机式、扁平化的组织结构转变。这就要求企业管理者要构造良好的沟通渠道、营造良好的沟通氛围,进行适度分权与放权,消除部门之间的界线,使管理层在动态市场环境中能够根据需求的变化快速地调整经营目标,提高组织响应市场的能力。

具体而言:

(1) 设立服务化专职管理部门。

出于对增加服务化广度、深度和完备性的考虑,制造企业应设立一个专职负责服务化业务的部门。为调动服务的积极性和提高服务质量,可允许该部门拥有自己的利润中心,其利润等于集制造与服务于一体的集成解决方案收益减去纯制造和纯服务收益之和的差。该部门的主要任务是基于客户需求丰富企业"服务相似块",有机构建不同"服务相似块"间的关系,收集潜在可能整合的供应商,构建企业、供应商与客户的虚拟交流信息网络,协调增进本部门与企业其他部门间的交流和沟通,形成合力,促进服务化的顺利推进。

(2) 设立大数据深度挖掘微部门。

面对急剧变化的内外部环境及日益激烈的国内国际竞争,企业准确获取数据信息并对其进行管理显得尤为重要。大数据一般包括制造企业传统数据、机器生成数据、社会数据和客户数据。企业传统数据是制造企业在生产过程中获得的数据;机器生成数据主要指包括智能仪表、产品传感器及设备日志等所载明的数据;社会数据是指谷歌及百度等搜索引擎及媒体处理的向社会公众开放的数据;客户数据是指衡量客户知识环境与客户需求的数据。

为了加强对数据信息资源的应用和管理,提高企业对环境变化的反应能力,制造企业可设立一个大数据深度挖掘微部门,开发一个集数据收集、甄别、挖掘、分析、解释、共享和实践指导于一体的大数据智能处理平台。该部门和平台通过对企业传统数据的反复消化吸收增加企业知识库的深度；通过不断吸纳社会数据拓宽知识库的广度，保持知识库的时效性；运用机器生成数据及自动传输装置推进智能生产，减少知识转移失真；利用客户数据与客户反复沟通，科学客观评价客户知识环境与需求意愿，实现集成解决方案所包含知识适应客户环境，提高两者之间的匹配度。

（3）多维度划分组织部门。

制造企业服务化过程中可以采用多维度划分组织部门的组织管理方式来对组织进行管理，使企业每一员工具有多重组织身份，这样便于制造企业基于某一目标对员工进行绩效管理和组织相关培训。比如为了降低严格规章制度管理阻碍员工主观能动性发挥和长期制度化管理妨碍企业应对突发事件的响应能力和速度等负面效应，制造企业可以根据员工引进方式将部门划分为核心员工部门和边缘员工部门，对不同部门的员工采取不同的引进方式，如可使用外包、短期合约、兼职、退休延迟等多种方式招聘员工，以有效防止企业核心员工的流失，同时企业边缘化员工可根据市场变化随时引进适应服务化需求和产品变化要求的人才，提升企业组织结构的柔性化水平。再比如根据活动的标的可以将企业部门划分为生产部门、服务部门和专职负责服务化的部门，生产部门再根据生产活动环节或价值链节点划分为若干小组；服务部门可以根据服务技能划分为掌握不同服务技能的小组；专职负责服务化的部门对各生产小组、服务小组和潜在合作伙伴所拥有的生产技能和服务技能要了如指掌，并对每个小组员工擅长的业务方向进行标注，负责将客户所需集成解决方案进行有效分解，挖掘所需生产技能和服务技能，基于员工擅长业务组建临时工作团队，集成这些生产技能和服务技能，形成集成解决方案，满足客户需求。

多维度划分制造企业组织部门的目的是便于制造企业基于某一目标对员工进行绩效管理和组织相关培训，深入挖掘企业员工和小组的技能并进行标识,以求在面对客户差异化和复杂化需求时,制造企业能够迅速组建临时团队,快速响应市场,满足客户需求。因此,制造企业应当树立"大企业"思想,淡化各部门在企业中的单一作用,消除部门间壁垒,加强各部门间及部门与外部合作伙伴的团结协作,共同创造价值。

6.1.2 培养员工的创新能力,创造差异化竞争优势

服务创新能力在制造企业服务化绩效影响机理中处于核心地位和中介地位,组织结构柔性、组织文化适应性、战略匹配一致性和客户参与程度等均是通过对服务创新能力的影响进而影响制造企业的服务化绩效。在产品同质化日益明显和客户需求日趋个性化和多样化的背景下,制造企业的竞争优势来源正在发生根本性变化,服务创新能力逐渐成为其获得成功的关键要素[153—155]。

服务创新能力的提升要求制造企业要尽可能增加企业人力资本的附加价值,为员工创建一个高度协作化与开放化的交流平台,为客户提供满足其需求的创新性产品服务。具体而言:

(1) 重视培训学习,培养创新思维。

制造企业应当科学合理地对员工进行培训,向其传递创新知识,促进员工掌握创新思维规律。首先,建立创新知识培训平台。制造企业可以开设与技术创新和服务创新相关的讲座,定期组织员工参加与技术创新和服务创新相关的交流会议,解读同行业服务化典型案例,到服务化成功的企业进行考察和调研,让员工了解当前先进的理念和技术,并结合自身企业实际情况组织相应的考核或举办科技创新知识竞赛等活动以巩固员工培训和学习成果。其次,培养员工与创新能力相关的能力,包括沟通能力、分析能力、洞察力和实践能力等。具备这些能力的员工在实践操作中更易于发散思考,其创新能力培养也相对容易。企业可以通过组织一系列有关"困境突破"的团队建设训

练，为员工模拟一种没有现成解决方案的客户需求，要求团队找到创新型解决方案。这种训练可以改变员工墨守成规的行为方式，有助于训练员工的分析能力、实践创新能力等，激发员工的创新行为，对企业培养员工的创新能力有显著效果。最后，实行轮岗培训。制造企业应基于员工自身能力和意愿，在一定工作期限后对员工进行工作轮岗培训，鼓励员工学习其他岗位专业知识，促使员工较为全面地掌握企业产品制造和服务的相关知识，利于其利用其他岗位知识和技能更好地完成本职工作，更好地基于客户需求进行制造与服务的融合，进行集成解决方案的设计。例如，服务部门员工在产品服务过程中可以利用轮岗培训所学的产品制造的相关知识更好地为客户提供定制化服务；生产部门员工在产品制造环节中可以借鉴产品服务的相关要求为企业产品制造提出更具创新性的生产建议。

（2）建立有效激励机制，调动员工创新积极性。

有效的激励能够引导员工的创新行为，是制造企业培养员工创新能力的重要方法。制造企业应该建立起一套动态、有效的激励机制，从多方面调动员工创新积极性，为不断提高企业服务化绩效注入"催化剂"。

在员工的物质待遇上，制造企业要将员工的创新成果与工资奖金、绩效考核挂钩，有重大创新成就的员工还应享有晋升待遇，使其拥有能够更加充分发挥其创新能力的资源和职位，从而在为创新型员工提供一个广阔职业发展空间的同时，促进企业管理层新陈代谢，为企业源源不断地注入新生力量。在上下沟通层面上，制造企业管理层可通过设置建言献策奖、建立科技创新实验室等方式，不断激励员工表达创新观点和积极主动创新，并为员工搭建实现创新想法的平台和及时采纳具备合理性和可行性的创新建议。

（3）加强企业中层管理，识别和转化员工创新行为。

制造企业管理者对于员工创新行为的支持表现在其对创新知识具有促进和传播作用。服务化过程中，制造企业管理者的核心职能在于

第6章　基于服务化绩效影响机理的制造企业服务化策略研究

快速识别基层员工的基于产品与服务的融合创新行为，并进行相应的知识建设和知识分享活动，他们是基层员工的创新行为向企业创新能力转化的重要推手。管理者尤其是中层管理者往往承担着对基层员工创新行为进行知识化编码、整理和归纳的责任，以使这些知识由带有个体特性的隐性知识转化为可以在企业内部传播的显性知识，使其在集成解决方案形成过程中能得到有效应用。基层员工的创新行为在得不到有效整理的情况下对制造企业服务化进程的贡献是微乎其微的，企业无法有效获取员工的创新行为信息并进行表彰、共享和推广，将会导致员工由于缺乏创新行为的强化激励而逐渐减少自身的创新行为，不利于员工创新能力的培养。因此，中层管理者对基层员工创新行为及时有效地识别和转化对企业培养员工的创新能力具有关键作用。

(4) 强化以客户为中心，提升客户信息获取能力。

基于企业创新能力的集成解决方案的开发、修正与确定始终贯穿一条主线，那就是以"客户为中心，为客户创造价值"。而这一目标能否有效实现，能否让客户在接受集成解决方案后的价值感知为"集成解决方案的实际价值与预期价值相符"将直接取决于企业员工与客户沟通的有效性，因此制造企业应当强化以"客户为中心"，通过增加服务网点，完善服务网络，提高员工的服务可接触性，锻炼员工的服务技能胜任能力，关注沟通过程中"信息噪音"的消除等以提升有效获取客户信息的能力。

(5) 构建协作化和开放化的交流平台。

实践证明，具备高度协作性与开放性的工作环境有利于员工潜力的激发。制造企业可从组织学习视角入手，为员工提供良好的学习交流环境，并通过完善学习机制加强内部知识共享；企业管理者在支持员工创新行为的同时，也应为员工分担一定的创新风险，以促进良好创新氛围的形成。

6.1.3 发挥文化基础作用,提升组织文化适应性

制造企业的决策与发展离不开对政策、产业、客户与市场等的分析和适应,适应性成为组织文化的重要特质之一,在制造企业服务化绩效影响机理中起着不可或缺的作用。在组织文化适应性对制造企业服务化绩效的四条作用路径中,第一条路径的作用效应最大,即组织文化适应性通过战略匹配一致性和服务创新能力对制造企业服务化绩效的作用路径,效应系数为0.452。组织文化的高度适应性可以为服务化战略选择与执行过程中的高度匹配和服务创新能力的提升提供促进性的文化环境支撑,保障制造企业服务化转型升级的顺利进行。

组织文化适应性的提升是制造企业集成内外所需服务化资源适应外部环境的过程。提升组织文化适应性要从以下几个方面展开:

(1) 正确认识企业组织文化适应的动态过程。

组织文化适应性是推进制造企业服务化转型升级顺利进行的重要一环。制造企业组织文化适应过程是一个动态发展过程,是制造企业不断创新适应市场环境激烈变动、预见制造与服务流程变化,并在变化创新中提升自身竞争力,形成开放和共享组织文化的过程;是制造企业以客户需求为中心,服务客户并预见未来需求,促进企业员工认同服务化战略的过程;是制造企业连续汲取新知识、新思维和新技能,形成重视"产品+服务"营销文化的过程。衡量和判断制造企业组织文化适应性的标准有四个:一是面对客户的多样化和个性化需求,组织文化促进制造企业基于客户需求通过整合内外资源响应需求的完美程度;二是组织文化加快制造企业有效响应客户需求的程度;三是促进企业达成服务化战略匹配一致性的程度;四是促使客户积极参与产品服务包提供全过程的程度。

第 6 章　基于服务化绩效影响机理的制造企业服务化策略研究

(2) 构建开放、共享和团结一致的组织文化。

组织文化在制造企业内部起着基础和先导作用，它影响着员工的行为与价值观。在制造企业服务化背景下，基于企业自身运营视角，开放性、共享性以及团结一致性的组织文化更有利于市场需求信息的获取、内外资源的整合和战略匹配一致性的形成，对制造企业服务化绩效的获取作用也更大。因而，制造企业应当鼓励员工的创造性，构建一种工作环境相对开放、员工之间得以充分沟通的开放型共享组织文化；尽量避免或改善组织内部层级过多、过于强调内部控制的层级型组织文化，畅通从企业基层员工到高层管理人员的信息反馈渠道，形成信息的上下级及同级的有效流动，发挥信息的应有功能。另外，企业也应当积极倡导和培育团结一致的价值观，重点引导企业每位员工的行为和价值取向与企业的整体服务化目标和价值保持一致，充分发挥组织文化的凝聚作用，增进与提升企业员工对服务化战略目标的认同感和共识度，从而推进制造企业服务化转型升级的顺利进行。

(3) 发挥企业高管潜能，提升组织文化适应性。

企业高管是组织文化的灵魂，对组织文化的创造、管理和必要时的破坏和重塑都有决定性作用。优秀的企业高管不仅能适时抓住机遇并基于市场需求变化领导组织快速变革，更能在组织变革之时诊断、识别和发展企业应有的组织文化以适应组织的这种快速变革。因此，为提升制造企业组织文化适应性，企业高管责任重大。

首先，企业高管自身应明确组织变革的目标。适应性组织文化是一种随着组织变革而变化的文化，因此，明确组织变革的目标是发展相应组织文化的前提。制造企业的高管更是应该在组织决定变革的第一时间就明确变革目标，从而为企业内部员工乃至企业客户明确对应变革的方向提供导向。服务型制造企业不同于传统的制造企业，服务化转型发展改变了制造企业原有的组织结构和发展模式，其变革的目标就是满足不同客户的产品服务需求。因此，制造企业的企业高管应以满足客户需求为组织变革的目标，以此作为发展企业适应性文化的方向。

其次，在企业高管主导下定期测定与评估制造企业组织文化的适应性水平，为企业提升组织文化适应性的决策提供依据。在确定了组织变革目标后，服务化专职管理部门应基于组织变革目标对现存组织文化适应性水平进行测定和评估，确定目前的组织文化是否符合组织变革的要求，要是不符合就测定在哪些方面不符合，并对不符合组织变革目标的组织文化向企业高管报告和提出改进意见，进而完善与服务化进程相匹配的组织文化和企业价值观体系，发展新兴的适应性文化。

最后，发挥企业高管创新变革的领导力。企业高管作为组织变革的关键人物，是组织文化适应组织变革的首要引领者、推动者和支持者。因此，企业高管自身的创新变革能力对提升组织文化适应性尤为重要。制造企业的高管应对市场中客户需求变化保持较强的感知能力，能以全国甚至全球同行业服务化企业为标杆，通过发挥自身领导才能带领制造企业员工实施客户导向的组织变革，鼓励员工大胆创新。此外，制造企业高管还要通过将自己的创新行为作为角色榜样，鼓励员工认同并内化创新信念来引领员工创新变革，从而提高组织文化适应性。

（4）培养员工应急能力，提高组织文化适应效率。

组织文化适应性要求制造企业对相关政策、行业、客户、市场等外部环境的各种变化做出迅速反应，因而对处在服务化进程中的制造企业来说，培养和发展自身对客户需求变化的快速反应能力尤为重要。企业员工与客户的直接接触创造了双方信息交换的机会，员工能否及时发现客户个性化需求的变化，并将信息传递给企业使其及时变革组织文化以提高适应性是十分重要的。因此，员工对客户需求变化的应急能力和处理事件的工作效率是影响组织文化适应性不可忽视的重要因素。制造企业可以通过案例分析使员工学习相关的应急知识，还可以通过情景模拟培养员工对客户需求变化的应急能力，

第6章 基于服务化绩效影响机理的制造企业服务化策略研究

以保证客户对该制造企业产品服务的忠诚度,为企业后续变革组织文化提供缓冲时间。制造企业可以通过对员工进行授权,使员工有权对客户的动态需求及时做出决策或者快速地反映给企业高层并获取相应的解决方案,从而提高员工工作效率和积极性,提升组织文化的适应效率。

(5) 合理确定企业规模和改变企业类型,增强企业活力。

不同的组织类型和组织规模在组织文化上存在一定的差异。有研究表明,合资企业和外资企业的组织文化适应性优于国有企业;100~500人的企业其组织文化适应性优于100人以下及1000人以上的企业,500~1000人的企业其组织文化的适应性强于1000人以上的企业[156]。由此可见,制造企业要想提高组织文化适应性,可以从调整企业类型和企业规模入手。

针对企业类型,制造企业可以通过招商引资的方式来引进外部资金,将原来单一性质的制造企业发展成为合资制造企业,适度降低制造企业国有程度,增加外商投资,使制造企业类型和企业文化复杂多样化,增强制造企业竞争活力,从而提升制造企业的组织文化适应性。只有企业的复杂性高于外部环境的复杂性才能更好地对市场变动做出快速响应[157],最终提高制造企业服务化绩效。

至于企业规模,基于前面实证部分已经证实了的制造企业组织文化适应性与服务化绩效之间存在显著正相关关系的结论,制造企业可以利用服务化绩效水平表征组织文化适应性,进而基于相关部门针对制造企业规模和服务化绩效关系所出具的测评报告,估计制造企业目前最佳的企业规模,据此来适度扩大或缩小企业规模,以期提高制造企业的组织文化适应性。随后再通过测评改变企业规模之后的服务化绩效来验证目前企业规模的合理性。需要注意的是,制造企业的企业规模是动态变化的,且在不同时期对应着不同的最佳企业规模,因此,制造企业应不断地积累数据进行测评以确定企业的最佳规模。

6.1.4 深化企业战略目标认同感，提升战略匹配水平

作为服务化战略选择与战略执行的重要契合点，战略匹配一致性对制造企业服务化绩效也存在重要的影响。从制造企业服务化绩效影响机理图中可以看出，战略匹配一致性通过服务创新能力对制造企业服务化绩效作用路径系数最大，效应系数为0.461。战略规划与执行的有效整合，即服务化战略选择与组织实施过程的高度匹配是提升制造企业服务化绩效的主要动力。目前，我国正处于制造业转型的关键时期，选择服务化战略是产业转型的必经之路，而组织内部的管理者与被管理者对服务化战略目标的认同感与执行力将是制造企业进行绩效改进的核心影响力量。对于制造企业组织内部管理者而言，其应当具备敏捷的反应能力和良好的组织能力，能够根据变幻莫测的市场环境调整企业经营目标并予以贯彻执行。对于组织内部员工协作而言，协同合作贯彻执行服务化战略的企业行为能够有效促进各职能层对服务化战略目标的认知和理解，使其达成目标的方法趋于一致[42]，制造企业应当积极倡导和塑造员工团结一致的价值观，提升员工对服务化战略目标的认同感。总而言之，制造企业应当整合与协调各层级工作者在战略实施过程中的共同作用，提升战略匹配一致程度以提升制造企业的服务化绩效。

现实中很多制造企业通过服务化战略提升了企业核心竞争力，增加了企业新的利润增长点，实现了转型升级，但也有许多企业在执行战略过程中陷入了服务化陷阱。究其原因主要是企业的服务化战略匹配一致性差。制造企业在制定服务化战略时要实现与企业内外部环境保持一致；在执行战略时，要与企业组织结构保持一致；在对战略进行评估时，要对战略执行实际结果与战略预期的一致性进行评估。

第6章 基于服务化绩效影响机理的制造企业服务化策略研究

（1）根据内外部环境制定符合市场和企业发展的服务化总体战略。

制造企业应在对企业内部运作环境和外部市场环境进行分析的基础上确定服务化总体战略，以使得服务化战略与环境相匹配。首先，企业的生产部门应对企业的产品类型、产品的差异化程度及服务的类型和水平进行科学评价，并就可能的产品与服务组合类型进行评价；企业研发部等要对产品市场的竞争程度及服务的竞争程度进行合理的分析与预测，并对产品与服务组合后的差异化程度进行评价；企业的营销部门要对主要的客户需求进行统计，确保日后战略制定的可行性。其次，在对内外部环境进行分析的基础上，基于资源整合视角从战略层面规划产品服务组合项目，建立虚拟合作伙伴库，制定有利于企业发展的总体战略；最后，企业可借助"服务蓝图"等服务流程建模工具来规范产品服务流程，以使抽象的服务化战略变得更具体，进而提高战略的科学性和可行性。

（2）基于集成解决方案项目需求调整和变革组织结构。

在服务化战略的执行过程中，制造企业需要调整和变革其组织结构，提高其与服务化战略协同匹配程度。首先，高级管理层应把握战略的总体趋势与目标，竭力多途径地将这种趋势和目标渗透到企业每一位员工的观念中，随机监管，防止战略执行偏差；基于各产品服务包的集成解决方案项目小组要根据企业总体战略及产品服务组合项目，重新分配企业资源，有效整合内部短缺的外部资源，确定具体的项目执行方案并制定业务层战略，对产品和服务进行改进和创新。其次，制造企业各部门也应配合企业业务层的战略，制定相对应的职能层战略，如在服务化专职管理部门的协调下，人力资源管理部门可建立柔性化人力资源管理制度，方便集成解决方案各项目组从各部门灵活抽调人力资源，财务部门根据企业战略及各业务层战略实施的具体需求合理预算企业经费、部门经费和外部资源引进经费，以从财务方面保证服务化战略的顺利实施；最后，为提升服务化战略执行效果，制造企业可以选择性地变革组织结构，如设立基于集成解决方案项目的临时项目管理组,并基于具体项目的特殊性等对原有的企业管理制度进行修正与完善,使其更利于制造与服务的融合,同时,制造企业也要科学应对服务化转型所带来的管理制度和组织变革方面的挑战。

(3)基于战略实施结果适时监管对战略偏离行为及时纠正。

制造企业应参照预期目标定期对服务化战略实施的结果进行评估和监管,以保证服务化的战略匹配一致性。首先,要对服务化战略实施以来的企业绩效进行考核,包括对战略是否匹配市场环境进行考核,即对战略实施后企业产品服务包的市场占有率及客户满意度进行考核;对战略是否按计划执行进行考核,以保证战略执行的一致性,即对各部门的业绩及项目的完成情况进行综合考核,对企业总体战略的实施效果进行科学的考核和判断。其次,对考核结果进行评价,分析服务化战略实施后的组织结构调整与变更的优劣势,探索战略中的不合理因素以及预期之外的情形,对服务化战略中各项目及项目组合的考核结果进行综合评价,并分析绩效高低的原因;同时对组织结构背后的人力、财力及制度保障条件进行评价,发现不足,及时弥补。最后,通过对战略实施结果的评估,各部门及项目组对原有战略实施结果中偏离企业预期目标的不合理部分提出修改意见并传达至组织的高级管理层,由高级管理人员结合当前市场环境对服务化整体战略进行修改和完善,各项目组合部门再基于修改和完善后的企业总体战略完善相应的业务层战略和职能层战略,保证组织战略匹配的一致性。

制造企业服务化进程中战略匹配一致性的保持是对服务化战略不断进行"制定——执行——评估——再制定——再执行——再评估"的循环往复的动态过程,因此在服务化过程中制造企业要定期对战略实施状况进行评估,不断调整甚至是更新战略,保持战略与内外部环境的匹配,同时也保持战略制定与战略执行的一致性。

第6章 基于服务化绩效影响机理的制造企业服务化策略研究

6.1.5 强化客户参与和提升客户价值感知

(1) 视客户参与程度为服务创新能力而非客户感知价值提升的前提。

一般研究认为通过强化客户参与可以提高客户对集成解决方案价值的感知,但前面修正后的制造企业服务化绩效影响机理模型却显示"客户参与程度并不直接影响客户价值感知",而是以服务创新能力为中介间接影响客户价值感知。这可能是因为即使在制造企业以客户为中心的理念指导下,客户以较高的频率参与到了制造企业集成解决方案提供的全过程中,但若制造企业的服务创新能力有限,难以为客户提供与其预期功能相符的集成解决方案,则客户的价值感知依然会很低,即客户对结果价值的感知远高于对过程价值的感知,毕竟过程是为结果服务的,再好的过程没有良好的结果体验,客户也是不满意的。所以制造企业应该将提升客户参与频率作为基于准确无误获取客户需求信息进而强化向客户提供满足其预期价值集成解决方案的服务创新能力的前提,而不是直接作为提升客户感知价值的前提。

(2) 运用差异化激励策略,引导客户全程参与。

客户全程参与集成解决方案各活动环节是有效保证获取客户终极性功能需求准确信息的重要途径和关键所在,因此制造企业应运用差异化激励策略[141],引导客户参与到产品服务包的研发、设计、销售、售后服务活动过程乃至整个产品服务包生命周期中,获取真实反馈,力求使产品服务达到客户预期。首先,制造企业在与客户签订集成解决方案提供协议时,就应在协议中增加明确要求客户全程参与产品服务包提供全过程,并适时提供精确的需求信息,使客户在客观上必须参加产品服务包提供全流程;其次,对于由于客户对产品服务包功能项目表述不清或参与过程的不积极导致的客户预期与实际功能存在差异的不良结果,规定制造企业与客户应当共同分担责任,具体分

· 123 ·

担比例根据双方职责具体认定；最后，制造企业还要从制度上构建促进与维持组织与客户之间交流与互动的常态机制，强化与客户的关系联结，通过员工与客户之间恰当的关怀与沟通增进客户对企业的归属感，以亲切的态度营造及时响应客户需求的氛围，使客户主观上愿意参与产品服务包提供全流程。

(3) 以客户导向为信仰，提升客户价值感知。

理论与实证研究均表明客户价值导向是制造企业服务化须遵循的核心导向，并且基于客户需求行为的客户价值导向对制造企业服务化绩效的提升益处颇多。制造企业通过服务化为建立一个长期盈利的企业更应把客户导向视为一种企业信仰，即把客户利益放在首位，整合包括所有者、管理者和员工在内的所有利益相关者的利益。制造企业服务化进程中，客户感知是其对产品服务包进行价值判断的基础。由于客户更加倾向于购买具备集成解决方案的产品服务组合包以及客户感知的主观性，制造企业的服务质量、客户需求满足程度以及员工与客户的亲近程度都成为影响客户满意度和忠诚度的重要因素。满足客户需求才能影响客户感知，创造客户忠诚，而满足客户需求的前提是增加客户参与度，在参与过程中提升客户的过程价值感知，并在充分获取和分析客户需求信息的基础上尽可能缩小和消除集成解决方案功能与客户预期功能之间的差异，以提升客户对结果的价值感知。过程价值感知和结果价值感知综合构成客户价值感知，但制造企业应更多关注客户对结果价值的感知。

6.1.6 全方位与循序渐进相结合推进服务化

从前面修正后的制造企业服务化绩效影响机理（图5-5）可以看出：制造企业的服务化绩效受组织结构柔性、组织文化适应性、战略匹配一致性、客户参与程度、服务创新能力和客户价值感知的影响，并且这些影响均是正向影响，且有的是直接影响，有的是间接影响。因此要提高服务化绩效必须做到两点：其一，必须全面有效地提高制造企业的组织结构柔性、组织文化适应性、战略匹配一致性、客户参与程度、服务创新能力以及客户的价值感知；其二，在初步采取措施发挥上述影响因素对绩效的正向影响作用后，要按照由近及远的顺序着力提升直接影响因素的水平，从而为间接影响因素发挥作用提供畅通的渠道，避免形成间接因素发挥作用的途径"瓶颈"。只有按照上述思路，采取全方位与循序渐进相结合的策略才能够有效推进服务化。

事实上，从修正后的制造企业服务化绩效影响机理视角来看，本书认为制造企业服务化悖论或陷阱的形成主要有两个方面的原因：一是服务化前期促成各影响因素发挥正向影响作用的投资巨大，再加上从服务化投资到形成满足客户个性化和多样化需求的服务化能力以及这种服务化能力得到市场认可需要一个过程，从而导致在一个较长时期内服务化投资难以获得与之相匹配的收益，而制造企业对这种投资收益的"阵痛期"缺乏足够的心理预期，导致服务化半途而废；二是经过前期投资后虽初步形成了服务化绩效影响网络，但在后期推进中没有能够很好地遵循先努力提升直接影响因素影响水平，然后再逐步提升间接影响因素影响水平的原则，从而可能形成了影响因素发挥作用的路径"瓶颈"，而企业自身又无法及时诊断和做出相应的调整，从而导致服务化失败。

6.2 基于服务化绩效影响机理的政府扶持策略

政府干预理论认为国家应该为应对经济发展问题而有意识地制定具有经济性质的政策法规，充当市场发展调控人的角色。在制造业同质产品竞争日趋激烈和客户需求多样化、个性化的背景下，世界各国都非常重视制造企业的服务化推广。例如，2001年欧盟就资助了MEPSS项目，旨在研究产品服务系统理论基础与开发方法；美国推行"基于服务的制造"（service-based manufacturing）；日本推行"服务导向型制造"（service-oriented manufacturing）；澳大利亚推行"服务增强型制造"（service-enhanced manufacturing）。在当前我国制造业大国地位基本形成及由制造业大国向制造业强国转变机会窗口开始出现的现实背景下，制造企业向服务业拓展成为促进我国制造业和服务业快速协调发展、促进工业和服务业整体技术水平提高的基础。但我国制造业同时也不可避免地受到了全球经济再平衡、劳动力结构与产业结构相脱节、劳动力成本增加等问题的不利影响，如何有效克服不利影响和抓住机会窗口是政府基于有效调控实现以制造业服务化带动产业升级的基点。

本节根据实证研究结果，结合基于服务化绩效影响机理的企业发展策略，提出以下政府扶持政策和建议，以期为制造企业服务化的进一步发展提供良好的政策平台和契机。

6.2.1 营造服务化发展宏观环境，促进服务化转型

任何制造业企业的发展都是在一定的外部环境下进行的，因此政府应当努力营造有利于企业服务化转型的宏观环境，重点做好以下三个方面的工作：

（1）继续实施战略引导，加强发展规划衔接。

近期我国政府已经基于制造业的产业基础和优势，出台了一系列相关文件，如《装备制造业调整和振兴规划》和《中国制造2025》等，这些纲领性文件不同程度地提出要促进制造业与服务业的融合发展，为今后我国制造业的发展指明了方向。今后最好能够编制出《制造业服务化发展规划》，从而促进制造业发展规划与服务业发展规划的有效衔接，形成区域性协调合作体系和发展合力，充分发挥战

第6章 基于服务化绩效影响机理的制造企业服务化策略研究

略导向的功能。

（2）完善金融保障，强化资金扶持。

制造企业服务化需要投入大量的资本构建与服务化相配套的服务化网络，如果资本出现问题就会直接陷入服务化悖论或跌入服务化"陷阱"。此外，在经济全球化的发展背景下，我国一方面享受着非歧视性原则以及发展中国家待遇所带来的权益和便利，一方面也必须做出降低关税、减少非关税壁垒的决策[158]。这就意味着国内的服务化制造企业将不可避免地要同国际上实力雄厚且更具服务化转型经验的制造企业进行全方位的竞争，因此，我国政府有必要在遵循国际有关规则的前提下，实行新的针对我国制造企业服务化的扶持政策，设立专项发展基金，对符合一定条件的服务化转型发展的制造企业进行贴息或补助；鼓励金融机构创新，开发新的金融产品，设立适合制造企业服务化的动态融资方式；鼓励制造企业利用多种市场进行间接融资和引入外资；鼓励风险投资机构向服务化制造企业进行投资；鼓励具有一定资质和实践经验的管理咨询机构与制造企业合作，从而从资金和发展"瓶颈"两个方面助力制造企业规避服务化悖论或"陷阱"，降低企业服务化转型风险，推动制造企业成功实现服务化转型，进而在培育我国具有国际竞争力的跨国制造企业的同时，带动和促进其他制造企业的服务化进程，以抵消贸易自由化对这些企业带来的不利冲击和影响。

（3）维护市场秩序，做好后勤保障。

制造企业的有效服务化需要一个有序、稳定、公平的发展环境，以确保其服务创新成果能够得到有效保护，进而在市场竞争中逐步获得竞争优势。

首先，政府应该加大对制造企业知识产权的保护力度，建立并完善保护知识产权的法律体系，尤其对于知识产权侵权的判断和执法力度应该做出明确规定；其次，政府知识产权管理部门应联手社会各界，及时对专利申请、新产品或新技术发明进行严格把关，根据相关的知识产权法律对侵犯知识产权的企业给予处罚,甚至取消其享受政府给予的优惠政策,形成共同监督和保障知识产权相关法律有效实施的氛围,进而保证服务创新型制造企业能够有效控制已占有的先进技术优势;最后,政府在充分发挥其职能作用时,既要根据市场机制和经济发展规律高效促进制造企业科技创新成果实现经济价值,还要兼顾公平,协调国有制造企业与私有制造企业、中小制造企业与大型制造企业、传统制造行业与先进制造行业的发展关系。

6.2.2 购买NPO服务,提供服务化经验和教训

在服务主导逻辑和理念的驱动下,很多制造企业进行了服务化转型,并取得了良好的效果。如国外的IBM、GE等均调整了其原有的商业模式和战略,开始由制造向服务领域扩展。IBM进行了组织资源配置的变革和供应链结构的调整,通过一系列的业务重组、剥离、并购与整合,从硬件生产商成功地转型为服务、软件和硬件三位一体的系统解决方案提供商,并成功地实现了向IT服务企业的转型。GE在20世纪80年代末因美国制造业开始走下坡路而确立了服务导向战略,通过收购、兼并和拓展引擎服务等实现其战略转型,且目前其专业化服务已经成为公司的核心竞争力。国内的一些大型制造企业如陕鼓、华为、大连冰山、海尔等均是实施服务化战略的典范。陕鼓将自身的发展战略定位为"动力设备系统解决方案提供商",并从2001年起开始在产品市场调查、升级改进、安装调试、售后服务上为顾客提供支持服务,2010年陕鼓为某客户提供的一种节能减排的透平机械产品服务系统,实施后该机组的运行效率提高了16%而能耗则降低了27%。

但制造企业服务化失败的例子也不少,如国外著名的芯片制造企业Intel公司实施服务化战略但是其绩效并没有提升反而下降,国内原始设备制造商OEM与电子制造服务供应商EMS企业合作关系破裂

第6章 基于服务化绩效影响机理的制造企业服务化策略研究

的事件也频频发生。

正反两方面的案例给政府的启示是应当树立制造行业的服务化典型企业，充分发挥其巨大的带头与示范作用；挖掘一批服务化转型失败的企业，发挥其警示作用；结合服务化环境，将标杆制造企业与警戒制造企业在服务化过程中提升组织结构柔性、组织文化适应性、战略匹配一致性、客户参与度、服务创新能力和客户价值感知的措施和做法进行对比分析，形成具有指导作用的制造企业服务化准则，引导其他制造企业开展学习并结合实际情况进行服务化转型。

上述功能的良好实现将会涉及制造企业、科研机构或高校以及组织者等多方，为了避免相关政府职能部门对企业等的不良干扰，政府可以将这一任务以政府购买服务的形式委托给第三方非营利互惠组织——行业协会来完成。制造业行业协会是政府与制造企业的桥梁和纽带，它更清楚整个行业的现状，更容易识别服务化典型企业和失败案例企业，更便于与科研机构或高校总结成功经验和失败教训，进而形成具有普适性意义的服务化准则。此外，国家也可以继续通过立项资助与制造企业服务化相关的自然基金和社科基金项目，以项目研究推动制造企业的服务化进程。但这里必须强调的是接受资助的单位或项目主持人与制造行业的企业要有良好的合作基础，能够吸纳制造企业高层管理人员参与研究，能够将理论研究与制造企业服务化实践进行很好的对接，并形成理论与实践的良性互动，从而为我国制造企业服务化提供具有可操作性的对策和建议。项目的具体研究内容可涵盖诸如制造企业服务化"陷阱"归因及规避策略、制造企业服务化条件及流程、制造企业服务化机理等。

6.2.3 提供信息咨询服务和储备创新人才，增强服务创新能力

制造企业在服务化过程中，涉及电子商务、成套集成、研发设

计、金融租赁、现代物流、宣传营销等高端服务领域。因此，企业对相关信息咨询服务以及知识技术型人才存在大量需求。

各级政府相关部门可以利用掌握国家经济生活、社会发展和行业状况信息的系统性、全面性，以及对国家政策法规深入了解的优势，为制造企业服务化以及核心竞争力的形成提供咨询和信息服务，帮助企业做出正确决策，减少由决策失误带来的额外损失，促进制造企业服务化绩效的提升。如针对实施服务投资战略的制造企业，政府及相关的公共机构需要着手信息收集工作，了解目标国家或地区的宏观经济、政治状况、企业要素成本状况、与外资投资有关的法律、税收框架、政府管理程序与效率等，并进行深层次加工整理，建立专门的业务数据库，明确哪些国家或地区适宜我国制造企业投资，如何进行投资以及适合开发什么样的服务等，从而有利于制造企业通过服务创新向国际产业链的上游及下游移动。

各级政府还应加快完善教育培训体系，鼓励高等教育、职业教育学校开设与制造企业服务化相关的专业课程，填补制造企业对服务创新型从业人员的需求缺口；着力构建人才内聚和迅速成长的良性机制，重视内部员工合作技能和客户信息收集技能培训，建立健全企业家队伍，加快引进高端、复合型人才，为制造企业服务创新和服务化发展储备人才力量。

此外，政府可以设立服务创新投资基金，主要投资于服务技术型基金。英国早在2009年就设立了一个以政府投资为基础吸纳其他部门资金的综合基金，以扶持高价值制造和生命科学等学科的发展。

6.2.4 倡导绿色可持续发展，营造良好的文化环境

改革开放以来，我国制造企业确定了以代工生产为主的国际贸易模式，这虽然为我国经济带来了三十多年的扩张性增长，但长期所形

第6章 基于服务化绩效影响机理的制造企业服务化策略研究

成的高投入低产出、高消耗低效益、高污染低收入以及过于偏重数量经济的粗放型经营模式已经难以为继,严重阻碍了制造企业的良性发展。我国政府应进一步强调高端、智能、绿色、服务、可持续的发展理念,从宏观上为制造业与服务业的深度融合营造良好的文化环境,带动制造企业基于经营观念的转变重塑组织文化,增强企业组织文化对制造业服务化这一趋势的适应性,增强制造企业转型发展以满足客户多样化和个性化需求的能力。这不仅是我国进入工业化中后期的现实要求,也是顺应国际国内消费需求升级的必然选择,制造企业只有充分认识到转型的紧迫性和重要性,才能打破固有的重制造、轻服务的传统观念,形成绿色发展思路和服务价值理念。

具体来说,政府可以通过适当提高大气、水、土壤等环境保护标准与宣传制造企业服务化可获得的优势,用先进的行业标准和潜在的服务化经济利益倒逼制造企业构建和贯彻合作共赢、提升员工服务化战略认同感和重视"产品+服务"营销的组织文化,从而提升组织文化的适应性。如制造企业在市场调查阶段可与外部合作伙伴合作使用资讯系统等现代信息技术,减少交通等资源的消耗,确定客户多样化和个性化需求的部分共性,营销制造企业的产品服务集成能力;在生产阶段要对企业内部资源及外部拟集成资源的可持续发展特性进行评估,优化生产技术,减少材料使用,实行客户需求的部分"共性制造"与"延迟制造"相结合的制造模式;在销售阶段使用可回收或可重复使用的包装材料,减轻包装重量和减少包装以及优化物流配送系统[159],并利用与客户的接触机会有效进行"产品+服务"整体解决方案的营销;在售后阶段努力延长产品服务包生命周期,再次收集客户需求信息和产品服务包改进信息,并进行再次营销等。总之,引导制造企业发展绿色、服务的组织文化,可提升企业的组织文化适应性和促进整体国民经济的生态可持续发展。

6.2.5 大力助推供给侧改革,增进制造企业战略匹配

当前,我国经济发展进入动力转化和结构调整新常态。但从宏观上看,制造行业整体上普遍存在无效和低端产能过剩、资源严重浪费而有效和中高端供给不足、供需严重错位的矛盾[160];从微观上看,制造企业内部存在服务化战略制定与服务化战略执行不匹配的矛盾。有些制造企业虽然已经认识到服务化转型发展对企业获取差异化竞争优势和超额利润的重要性,然而由于畏惧转型风险以及战略执行能力的不足等原因,许多制造企业的服务化战略无法得到有效落实,导致企业服务化绩效水平不高,这不利于制造企业及我国产业结构整体优化升级。因此,要想保持经济的中高速稳定增长,更好地顺应市场需求变化,政府必须通过强力推动供给侧结构性改革来敦促制造企业战略制定与战略执行匹配,引导制造企业以服务增值和产需互动为战略导向,由仅提供产品向提供产品服务包转变、由单纯提供产品延伸服务向提供一体化解决方案转变。鼓励号召制造企业将淘汰落后产能和服务增值相结合,增进企业战略执行与战略制定的匹配程度,并在税率设计方面有针对性地向贯彻落实服务化转型战略的制造企业倾斜,给予提供研发设计、管理咨询、一体化解决方案等服务的制造企业一定的优惠政策,降低制造企业服务化成本,提升企业的服务化利润,改善供给体系的质量和效益。

6.2.6 保护消费者合法权益,提升客户参与度和价值感知度

与产品价值的生成不同,服务价值需要制造企业与客户的通力合作才能被创造和认可。可以说,客户在制造企业获取服务增值的进程中扮演着不可或缺的角色,因此,各发达国家纷纷发展"以客户为

中心"的服务型制造,并将其作为国家主要竞争力来源[161]。我国政府也可以借鉴各发达国家经验,通过完善相关政策和法规、保护消费者合法权益来间接提升制造企业的客户感知价值、激发客户参与企业经营的热情。一方面,积极巩固《中华人民共和国反垄断法》的相关成果,添加有关制造企业服务化的反垄断政策规定,并在符合法律的基础上引进外资服务型制造企业,与国内制造企业形成良性竞争机制,避免和减少有损客户感知价值的现象发生。另一方面,针对广大消费者群体,进一步拓宽《消费者权益保护法》适用范围,增强《消费者权益保护法》的可操作性和透明度,并利用互联网平台开发新的消费维权渠道,从而优化和改善整体消费环境;同时,推进制造企业服务化的标准化和规范化建设,鼓励制造企业成为"产品+服务"提供者,与客户以签订合约的方式划分双方权责范围,明确交易的风险水平及风险补偿标准,为消费者免去后顾之忧,进而提升客户的感知价值和参与程度。

6.2.7 设立专项职能部门,全面夯实服务化发展基础

在制造业服务化过程中,一切政策和措施都不能盲目制定和实施,因此需要设置专门的职能部门,为企业与政府之间的沟通、制造企业之间的协同合作提供服务,以共同促进制造企业服务化的发展和服务化绩效的提高。为推进制造企业的服务化战略,加强对相关工作的统筹规划、管理和协调不同部门间的政策,可设置政府层面的服务化专职推进部门,以统筹协调制造业服务化的全局性工作,指导不同地区和部门跨区域、跨部门开展工作。如与制造企业服务化专职管理部门进行沟通,搜集相关信息并对其进行整理、分类和储存,以便在有需要时及时进行检索和提取;利用自身地位所形成的便利条件为各级地方政府相关政策的制定提供有力的资料信息,从而使地方政府能够根据服务化的实际需求,建立和完善服务型制造公共服务体系;加

强对服务化优惠政策落实情况的检查;鼓励地方政府、高校、园区、企业之间创新合作方式,形成服务化特色产业集群;进一步建设电子政务平台、金融担保平台、"互联网+"信息公开平台等以优化宏观经济投资环境,为制造企业服务化的全面发展夯实基础。在这方面,我国已经迈出了可喜的一步,在 2015 年 6 月 16 日,成立了"国家制造强国建设领导小组"。

总而言之,制造企业服务化的顺利发展和服务化绩效的不断提升离不开政府的努力,政府要从大局出发为制造企业提供战略导向并通过适度管制降低制造企业服务化的信息成本、行政成本等市场交易成本,为制造企业搭建一个公平、合理的平台,营造一个整体上宽松、优越的政策环境。但是需要注意到,任何推行的政策和措施都要避免出现行政干预成分过重、地方保护主义过强、管理范围过宽、管理手段过于单一等问题,否则非但不能促进制造企业服务化绩效的提升,反而还有可能制约服务化的发展进程,逐渐演变成保护落后产业的政策。

6.3 本章小结

本章主要根据对制造企业服务化绩效影响机理的研究,以推进制造企业的服务化转型升级和提升企业绩效为目标,基于微观和宏观视角,从制造企业自身和政府角度提出了一些具有针对性的策略,以为制造企业服务化转型升级的顺利进行提供一定的参考和借鉴。基于制造企业自身视角,以组织结构柔性、服务创新能力、组织文化适应性、战略匹配一致性、客户参与程度及客户感知价值为切入点,认为制造企业应当构建适度柔性组织结构,提升组织应变能力;培养员工的创新能力,创造差异化竞争优势;发挥文化的基础作用,塑造健康的组织文化;深化企业战略目标认同感,提升战略匹配能力;增进客

第6章　基于服务化绩效影响机理的制造企业服务化策略研究

户参与意识，强化客户与企业之间的关系联结。基于政府视角而言，认为政府应通过继续实施战略引导，加强发展规划衔接；完善金融保障，强化资金扶持；维护市场秩序，做好后勤保障；购买 NPO 服务，提供服务化经验和教训；倡导绿色可持续发展，营造良好的文化环境；大力助推供给侧改革，增进制造企业战略匹配；完善相关政策法规，保护消费者合法权益；设立专项职能部门，全面夯实服务化发展基础等进一步促进制造企业服务化转型进程，努力形成制造企业与政府之间的良性互动机制。

基于制造企业服务化绩效
影响机理的服务化策略
研究
Chapter 7

第7章 研究结论与展望

7.1 研究工作与结论

基于已有关于制造企业服务化的研究主要集中在服务化的概念与驱动力、服务化模式与路径、服务化绩效以及服务化政府干预等若干方面，并且对制造企业服务化本质的理解趋同，对服务化驱动力的研究基本形成共识；但是对制造企业服务化绩效影响因素识别的研究仅是给出了相关影响因素，并未揭开因素作用于服务化绩效的影响机理"黑箱"；对制造企业服务化绩效评价研究则仅是在传统绩效评价指标体系中增加了服务投入、服务产出及服务投入产出比率等指标，未能进行较为系统的研究；关于服务化绩效和发展路径的研究绝大多数是从制造企业的视角展开的，而基于服务化绩效影响机理对制造企业服务化策略进行研究的文献则很少，基于实证分析结果从政府宏观层面给出促进制造企业服务化绩效提升的政策建议的有关研究则更少，显然已有研究的不足在一定程度上会延迟制造企业服务化的推进，使得协助制造企业走出"服务化困境"的实际作用有限。因此，本书对制造企业服务化绩效评价、服务化绩效影响因素、服务化绩效影响机理及基于影响机理的服务化策略进行了研究。

本书的研究工作总结如下：

(1) 基于平衡计分卡从财务、客户、内部运营、学习与成长四个维度设计和构建了制造企业服务化绩效评价指标体系，针对制造企业服务化绩效评价指标体系所涉及的变量，开发和设计了量表，对量表进行了信度、效度检验，并通过问卷调查收集了制造企业服务化绩效测评的相关数据；运用层次分析法，通过构建层次结构模型，形成两两比较判断矩阵，计算了各项指标的得分系数并通过一致性检验，给出了制造企业服务化绩效综合得分的计算公式；使用结构方程二阶因子分析对制造企业服务化绩效评价模型进行实证分析，再次确定了

第 7 章　研究结论与展望

评价体系中各项指标的权重系数，弥补了层次分析法专家打分而存在的主观性缺陷；比较说明了基于层次分析法和结构方程模型所得的制造企业服务化绩效评价指标权重的分配情况。

（2）从理论上将制造企业服务化绩效的影响因素归纳总结为包括客户参与、客户感知价值、网络合作伙伴、市场饱和程度和行业竞争战略在内的外部环境因素以及包括组织规模、组织结构、组织文化、战略匹配一致性、服务创新能力、信息整合机制和支持系统在内的内部组织因素；针对制造企业服务化绩效各影响因素所涉及的指标变量，开发和设计了量表，并利用收集到的数据进行了信效度分析；为了克服原始自变量间多重共线性的影响，利用主成分和回归分析的方法对制造企业服务化绩效的影响因素进行了实证研究，得到了优于多元回归模型的、更有管理解释意义和更接近现实的主成分回归模型；根据实证研究结果，阐述了制造企业服务化绩效各影响因素的影响强度与影响方向，并对研究结果进行了分析。

（3）对制造企业服务化绩效的影响机理进行实证分析，明确和揭示了制造企业服务化绩效影响因素之间以及影响因素作用于服务化绩效的影响机理"黑箱"。在诸多影响因素中，选取影响系数大于 0.30 的影响因素，即组织结构柔性、组织文化适应性、战略匹配一致性、服务创新能力、客户参与程度以及客户感知价值，基于理论层面的分析提出了相关的研究假设，结合结构方程模型原理构建了关于制造企业服务化绩效影响机理的概念模型；利用 Amos 软件对制造企业服务化绩效的影响机理进行了实证分析，并基于整体的拟合度分析对模型进行了修订和再次拟合，给出了满足拟合条件的制造企业服务化绩效影响机理模型；基于制造企业服务化绩效影响机理模型图和输出结果，对图中所呈现的各种路径及作用效应效果进行了分析。

（4）基于微观和宏观视角，从制造企业自身和政府角度提出一些具有针对性的推动制造企业服务化绩效提升的相关策略。

本书的主要结论如下：

（1）基于 AHP 的指标权重计算结果显示，客户维度占制造企业服务化绩效评价的权重最大，其次是学习与成长和财务维度，内部运营维度占制造企业服务化绩效评价的权重最小；而基于结构方程模型二阶因子分析的指标权重计算结果显示，财务维度占制造企业服务化绩效评价的权重最大，其次是客户和内部运营维度，学习与成长维度占制造企业服务化绩效评价的权重最小；现实情况和理论分析之间的滞后性是两种计算方法得到的指标权重存在差异的主要原因。

（2）内外影响因素对制造企业的服务化绩效产生了不同方向和强度的影响。组织结构柔性、组织文化适应性、客户感知价值、服务创新能力、战略匹配一致性、客户参与程度、支持系统完善程度、信息整合能力、网络合作水平、行业竞争战略分析能力和市场饱和程度对制造企业服务化绩效存在正向影响，各影响系数分别为 0.352、0.345、0.338、0.331、0.318、0.311、0.288、0.248、0.109、0.103 和 0.075；而组织规模对制造企业服务化绩效的影响为负，其影响系数为 -0.028。

组织结构柔性和组织文化适应性对制造企业服务化绩效的影响作用最强，是推动制造企业服务化绩效提升的根本动力。组织结构柔性和组织文化适应性越强，制造企业的服务化绩效越高；制造企业服务化只有对组织内部结构进行变革和重组，培育和发展与服务化相适应的组织文化，才能对市场变动做出快速响应、实现更为有效的服务交付。

客户感知价值和客户参与程度对制造企业服务化绩效的影响作用较强，是影响制造企业服务化绩效提升的重要条件。制造企业在服务的提供与执行过程中需要与客户通力合作才能使价值被创造和认同；制造企业通过营造良好的客户体验环境、提高客户全过程的参与程度、致力于为客户提供可感知的优质服务有助于自身差异化竞争壁垒的形成。

第7章　研究结论与展望

服务创新能力和战略匹配一致性对制造企业服务化绩效的影响作用也较强，是实现制造企业服务化绩效提升的重要方式。加大服务创新力度、增进战略制定与战略执行之间的匹配程度有利于制造企业服务化绩效的提升。

支持系统完善程度、信息整合能力、网络合作水平、行业竞争战略分析能力与市场饱和度对制造企业服务化绩效也存在一定的正向影响。在服务化进程中，兼顾支持系统和信息机制的完善、深化与各方合作伙伴的合作水平、认清制造行业整体市场的发展形势能促进制造企业服务化绩效的提升。

选择服务化战略的制造企业并不是组织规模越大越好。组织规模较大的制造企业相对来说劳动成本更高；绝大多数大规模制造企业的机构较为冗余，面对客户需求和市场的变化难以做出及时响应；规模较大的制造企业固有的组织文化惯性较强，员工对于服务主导的共同心智模式的理解、转变和认同需要更长的时间，形成与服务化相适应的组织文化更加困难。

(3) 组织结构柔性对制造企业服务化绩效的作用路径共有四条，分别为：①组织结构柔性通过组织文化适应性、战略匹配一致性及服务创新能力对制造企业服务化绩效的作用路径；②组织结构柔性通过组织文化适应性、战略匹配一致性、服务创新能力及客户感知价值对制造企业服务化绩效的作用路径；③组织结构柔性通过组织文化适应性、客户参与程度以及服务创新能力对制造企业服务化绩效的作用路径；④组织结构柔性通过组织文化适应性、客户参与程度、服务创新能力以及客户感知价值对制造企业服务化绩效的作用路径。

组织文化适应性对制造企业服务化绩效的作用路径也有四条，分别为：①组织文化适应性通过战略匹配一致性、服务创新能力对制造企业服务化绩效的作用路径；②组织文化适应性通过战略匹配一致性、服务创新能力以及客户感知价值对制造企业服务化绩效的作用路径；③组织文化适应性通过客户参与程度、服务创新能力对制造企业服务化绩效的作用路径；④组织文化适应性通过客户参与程度、服务创新能力以及客户感知价值对制造企业服务化绩效的作用路径。

战略匹配一致性对制造企业服务化绩效的作用路径有两条，分别为：①战略匹配一致性通过服务创新能力对制造企业服务化绩效的作用路径；②战略匹配一致性通过服务创新能力和客户感知价值对制造企业服务化绩效的作用路径。

客户参与程度对制造企业服务化绩效的作用路径同样也有两条，分别为：①客户参与程度通过服务创新能力对制造企业服务化绩效的作用路径；②客户参与程度通过服务创新能力和客户感知价值对制造企业服务化绩效的作用路径。

服务创新能力对制造企业服务化绩效的作用路径有两条，分别为：①服务创新能力直接作用于制造企业服务化绩效的作用路径；②服务创新能力通过客户感知价值对制造企业服务化绩效的作用路径。客户感知价值只含有一条直接作用于制造企业服务化绩效的作用路径。

（4）制造企业应当以组织结构柔性、服务创新能力、组织文化适应性、战略匹配一致性、客户参与程度及客户感知价值为切入点，构建适度柔性组织结构，提升组织应变能力；培养员工的创新能力，创造差异化竞争优势；发挥文化的基础作用，塑造适应性组织文化；深化企业战略目标认同感，提升战略匹配能力；增进客户参与意识，强化客户与企业之间的关系联结。

政府应通过继续实施战略引导，加强发展规划衔接；完善金融保障，强化资金扶持；维护市场秩序，做好后勤保障；购买NPO服务，提供服务化经验和教训；倡导绿色可持续发展，营造良好的文化环境；大力助推供给侧改革，增进制造企业战略匹配；完善相关政策法规，保护消费者合法权益；设立专项职能部门，全面夯实服务化发展基础等促进制造企业服务化转型进程，努力形成制造企业与政府之间的良性互动机制。

7.2 主要创新点

(1) 利用平衡计分卡构建了制造企业服务化绩效评价指标体系,并分别利用 AHP 和结构方程二阶因子分析法确定了指标体系中各级指标的权重,将依靠专家打分确定的指标权重与依靠调查数据确定的指标权重进行了比较分析,并分析了存在差异的原因。

(2) 使用文献分析法从理论层面总结了影响制造企业服务化绩效的可能因素,将主成分分析法和回归分析法相结合,以制造企业服务化绩效评价结果作为被解释变量,分析了内外影响因素对服务化绩效的影响强度和影响方向。

(3) 利用识别的影响系数在 0.3 以上的服务化绩效影响因素和服务化绩效构建了服务化绩效影响机理概念模型,并对模型进行了修正,从而揭示了制造企业服务化绩效影响机理"黑箱"。

(4) 以服务化绩效影响机理为基础,给出了制造企业提升服务化绩效的策略和政府推进制造企业服务化进程的策略。

7.3 研究不足与未来展望

由于国内对制造企业服务化的研究起步相对较晚,再加上本人的能力、精力和时间有限,不可能对制造企业服务化做出更为系统全面的研究,因此本书还有许多不足之处,有待今后深入地进行探讨、研究和分析。

(1) 本书仅是笼统地对制造企业服务化绩效评价、影响因素、影响机理和促进策略进行了研究,没有对制造业的细分行业进行细化研究。原因是能力所限,样本容量为 116,如果再进一步进行细分,则各细分行业的企业数量将更少，会直接导致研究结果不稳定。

（2）本书未对基于统计分析结果给出的促进制造企业服务化发展的企业层面的策略进行案例研究。

（3）本书对制造企业服务化绩效等问题的研究主要采用的是实证研究方法，没有采用规范研究方法进行理性的逻辑推理，而规范的逻辑推理在一定程度上也能够有效揭示制造企业服务化绩效的影响因素及对影响因素的敏感性。

（4）研究未对制造企业服务化进程中如何与物流企业联动发展进行分析。

为了丰富和完善制造企业服务化的内容，以下几个方面可作为今后继续研究的方向。

（1）制造业整体上有自己的综合特征，但各细分行业也有自身的属性特征，今后可对各细分行业的制造企业的服务化绩效相关问题进行研究，如对装备制造业企业的服务化绩效问题进行研究。

（2）寻找一个准备进行服务化转型的制造企业与其管理层进行互动合作，进行案例跟踪研究，分析和进一步完善所提出的企业层面的服务化策略。

（3）采用规范的研究方法，引进制造企业服务化绩效、组织结构柔性、组织文化适应性、客户感知价值、服务创新能力、战略匹配一致性、客户参与程度、支持系统完善程度、信息整合能力、网络合作水平、行业竞争战略分析能力、市场饱和程度及企业组织规模等变量，理性分析各因素对制造企业服务化绩效的影响方向和敏感性，并进而给出相应的服务化绩效提升策略。

（4）对制造企业服务化进程中与物流企业的联动发展机制进行研究，并基于联动发展机制给出相应的联动发展策略。

附 录

制造企业服务化绩效及其影响因素调查问卷

尊敬的先生/女士：

您好！首先非常感谢您在百忙中为我们的课题研究提供宝贵的一手资料！这是一份研究制造企业服务化影响因素与绩效之间关系的调查问卷，您所提供的资料对于课题研究相当重要。

我们课题研究的结论将直接依赖于各位提供给我们的数据及相关信息的客观性与准确性！衷心希望您能够根据贵公司目前实际情况予以填写，使本问卷能充分反映贵公司的真实情况。本问卷纯属学术研究目的，统计数据将以整体报告的形式反映，个体数据不会在研究结果中反映出来，我们郑重承诺将会对所有参与调研公司的数据保密，敬请放心！如果您需要研究结果，请您留下 E-mail，我们承诺将以电子版本的形式呈送研究结果，以供贵公司在经营管理中作为参考。

您在填写过程中，如果对其中某些题项的理解存在疑义，请询问相关调研人员，如果您对问卷的某些题项中需要回答的内容不清楚，请借助贵公司的其他人员协助完成。

再次感谢您的大力协助！

山西师范大学经济与管理学院
产业转型与升级研究中心

第一部分 企业概况

请基于您所在企业的实际情况在相应题项适合选项上勾选。

1.1 公司名称：_____

1.2 贵公司的所有制类别是：

A. 国有企业　　　　　　　　B. 三资企业

C. 合伙企业　　　　　　　　D. 有限责任公司

E. 有限股份公司　　　　　　F. 个人企业

1.3 贵公司的员工人数是：

A. 50 人以下　　　　　　　　B. 50～100 人以下

C. 100～300 人以下　　　　　D. 300～1000 人以下

E. 1000～2000 人以下　　　　F. 2000～5000 人以下

G. 5000 人以上

1.4 贵公司设立的时间：

A. 5 年以下　　　　　　　　B. 5～10 年以下

C. 10～15 年以下　　　　　　D. 15～20 年以下

E. 20 年以上

1.5 贵公司的资产总额是：

A. 500 万元以下　　　　　　B. 500 万～1000 万元以下

C. 1000 万～5000 万元以下　　E. 5000 万～1 亿元以下

F. 1 亿～4 亿元以下　　　　　G. 4 亿～10 亿元以下

H. 10 亿元以上

1.6 贵公司主导业务所在的制造业分类是：

A. 装备制造业

B. 汽车制造业

C. 纺织或服装制造业

D. 食品、饮料、茶或烟草制造业

E. 家具或文具制造业

F. 金属或矿物制品加工业

G. 橡胶、塑料、化纤制造业

H. 医药制造业

I. 石油或化工制造业

J. 计算机、通信、仪表或电子设备制造业

K. 其他制造业

1.7 贵公司上一年度的销售总额是：

A. 500 万元以下　　　　　B. 500 万~1000 万元以下

C. 1000 万~5000 万元以下　D. 5000 万~1 亿元以下

E. 1 亿~3 亿元以下　　　　F. 3 亿~10 亿元以下

G. 10 亿元以上

1.8 贵公司产品在所属行业的市场占有率为：

A. 很高　　　　　　　　　B. 高

C. 一般　　　　　　　　　D. 较低

E. 很低

第二部分　制造企业服务化绩效评价

请基于您所在企业的实际情况，选取您对相关描述语句的同意程度。具体做法为：在相应题项适合选项的格里勾选。其中 1 表示"非常不同意"，2 表示"基本不同意"，3 表示"一般"，4 表示"基本同意"，5 表示"非常同意"。

财务维度量表	1	2	3	4	5
FD1：本企业的产品销售与服务销售增长率比较高					
FD2：本企业的服务收入占总收入的比重较高					
FD3：本企业的税前平均利润率较高					
FD4：本企业的税后净营业利润较高					

客户维度量表	1	2	3	4	5
CD1：本企业的市场份额不断扩大					
CD2：客户对本企业提供的"产品+服务"的满意度高					
CD3：客户对本企业提供的"产品+服务"的忠诚度高					

内部运营维度量表	1	2	3	4	5
IOD1：本企业提供的"产品+服务"的质量和性能达到或超过了客户预期					
IDO2：本企业内部协调能力得到了加强					
IDO3：本企业与供应商、客户、合作伙伴间建立了良好且密切的合作关系					
IDO4：本企业能够快速根据环境的变化调整经营目标					

学习与成长维度量表	1	2	3	4	5
LGD1：本企业提供的"产品+服务"个性化水平很高					
LGD2：本企业员工的服务技能参培率较高					
LGD3：本企业跨部门间经常自由分享知识					
LGD4：本企业拥有较为完善的员工奖励机制					

第三部分　制造企业服务化绩效影响因素

请基于您所在企业的实际情况，选取您对相关描述语句的同意程度。具体做法为：在相应题项适合选项的格里勾选。其中 1 表示"非常不同意"，2 表示"基本不同意"，3 表示"一般"，4 表示"基本同意"，5 表示"非常同意"。

	1	2	3	4	5
CP1：本企业非常重视顾客的参与和体验					
CP2：本企业经常对顾客的需求进行调研					
CP3：本企业会经常评估顾客满意度和忠诚度					
CPV1：本企业能够为顾客提供量身定制的产品和服务					

续表

	1	2	3	4	5
CPV2：本企业提供的"产品+服务"基本能够满足顾客需求					
CPV3：本企业提供的"产品+服务"信息丰富准确，价格合理					
CPV4：本企业定期调查终端客户对产品和服务的评价					
NC1：本企业与供应商存在十分密切的关系					
NC2：终止与供应商的关系会给本企业带来重大不良影响					
NC3：本企业与服务中介机构联系很频繁					
NC4：本企业与服务中介机构联系过程中双方高度互信					
IC1：本企业所在行业竞争非常激烈					
IC2：本企业所生产产品市场同质化严重					
IC3：本企业所生产产品的替代品较多					
IC4：本企业所在行业中有企业实施了服务化战略					
IS1：本企业努力识别竞争对手的战略					
IS2：本企业管理人员定期谈论竞争对手的行动					
IS3：本企业经常跟踪主要竞争对手的市场表现					
IS4：本企业经常评估主要竞争对手的优势					
OS1：本企业员工人数在同行业中相对较多					
OS2：本企业资产总额在同行业中相对较高					
OS3：本企业产品服务包的销售收入在同行业中相对较高					
IMS1：本企业各级管理者具有良好的组织管理能力					
IMS2：本企业的组织机构能够很好地为服务化战略目标服务					
IMS3：本企业能够根据需求的变化快速地调整经营目标					
IMS4：本企业的生产制造和服务能够得到有效融合					
OC1：本企业拥有较为开放、共享的组织文化					
OC2：本企业文化能够有效促进公司员工对服务化战略目标的认同					
OC3：本企业非常重视"产品+服务"的营销文化					
SMC1：本企业的各级管理者了解公司的战略					
SMC2：本企业员工对于公司服务化战略具有较强的认同感					
SMC3：有关服务化的各项制度在公司能够得到很好的执行					

续表

	1	2	3	4	5
SI1：本企业非常重视对员工的培训					
SI2：本企业内部各部门之间的合作非常密切					
SI3：本企业各部门员工间能进行非常坦诚的互助和合作					
SI4：本企业能够根据顾客需求提供个性化服务					
II1：本企业能够有效获取客户、供应商及竞争对手等的信息					
II2：本企业员工之间、部门之间及层级之间能够进行有效的信息交流					
II3：本企业的销售人员定期收集有关竞争对手的活动资料					
II4：本企业与合作伙伴建立的网络信息系统较为完善					
SS1：本企业有充足的财务资源支持服务活动					
SS2：本企业有足够的网点和充足的人员为服务提供支持					
SS3：本企业管理决策层非常重视服务化转型发展					

调查到此结束，请保存后再关闭。对您的积极配合再次表示感谢！

参 考 文 献

[1] 国家统计局. 中国统计年鉴 [J]. 北京：中国统计出版社, 2015.

[2] Deloitte. Global Manufacturing Competitiveness Index [R]. New York: Deloitte, 2013.

[3] 李杰. 中美制造业成本差距已微乎其微 [N]. 中国电子报, 2014 – 10 – 24（003）.

[4] 国务院办公厅关于成立国家制造强国建设领导小组的通知. 人民网. http://politics.people.com.cn/n/2015/0624/c1001 – 27201253.html.

[5] 国家制造强国建设领导小组第一次全体会议. 中华人民共和国中央人民政府网. http://www.gov.cn/xinwen/2015 – 07/02/content_2889132.htm.

[6] Levitt T. The Industrialization of Services [J]. Harvard Business Review, 1976, 54（5）: 63 – 74.

[7] Vandermerwe S., Rada J. Servitization of Business: Adding Value by Adding Services [J]. European Management Journal, 1988, 6（4）: 314 – 342.

[8] White A. L., Stoughton M., Feng L. Servicizing: The Quiet Transition to Extended Prouduct Responsibility [R]. Boston: ellus Institute, 1999.

[9] Vandermerwe S., Chadwick M. The Internationalization of Serv-

ices [J]. The Service Industries Journal, 1989, 1 (1): 79 - 93.

[10] Reiskin E. D., White A. L., Kauffman Johnson J., et al. Servicizing the Chemical Supply Chain [J]. Journal of Industrial Ecology, 2000, 3 (2 - 3): 19 - 31.

[11] 赵一婷, 刘继国. 制造业服务化: 概念、趋势及其启示 [J]. 当代经济管理, 2008, 30 (7): 45 - 48.

[12] Neu W. A., Brown S. W. Forming Successful Business-to-Business Services in Goods-Dominant Firms [J]. Journal of Service Research, 2005, 8 (3): 3 - 17.

[13] Lay G., Schroete M., Biege S. Service-Based Business Concepts: A Typology for Business-to-Business Markets [J]. European Management Journal, 2009, 27 (6): 442 - 455.

[14] 刘继国. 制造业服务化带动新型工业化的机理与对策 [J]. 经济问题探索, 2006 (6): 120 - 124.

[15] 周大鹏. 制造业服务化对产业转型升级的影响 [J]. 世界经济研究, 2013 (9): 17 - 22.

[16] 叶广宇, 冯慧平. 制造业的服务化趋势及原因分析 [J]. 商业时代, 2007 (14): 92 - 101.

[17] 陈宏. 试谈市场经济条件下的买方市场 [J]. 吉林省经济管理干部学院学报, 2006, 20 (2): 49 - 51.

[18] 张桢. 买方市场条件下中小企业的营销策略探讨 [J]. 现代营销 (学苑版), 2014 (5): 62 - 63.

[19] Manley K., Marceau J. Integrated Manufacturing Services Businesses in the Australian Building and Construction Sector [J]. The Australian Journal of Construction Economics and Building, 2002, 2 (1): 1 - 12.

[20] Oliva R., Kallenberg R. Managing the Transition from Products to Services [J]. International Journal of Service Industry Manage-

ment,2003,14(2): 160-172.

[21] 陈少杰. 制造业服务化的成因及动力机制分析[J]. 商业时代,2010(26): 120-121.

[22] Oliva R., Watson N. Cross-Functional Alignment in Supply Chain Planning: A Case Study of Sales and Operations Planning [J]. Journal of Operations Management,2011(29): 434-448.

[23] 孟慧霞,陈启杰. 系统观视阈下的消费结构升级[J]. 上海财经大学学报,2011,13(2): 91-96.

[24] Mortazavi S. H., Bahrami M. Integrated Approach to Entrepreneurship-Knowledge Based Economy: A Conceptual Model [J]. Procedia-Social and Behavioral Sciences,2012(41): 281-287.

[25] 綦良群,赵少华,蔡渊渊. 装备制造业服务化过程及影响因素研究[J]. 科技进步与对策,2014,31(14): 47-52.

[26] 陈艳莹,周娟. 制造业服务化的生态效益:国外研究进展述评[J]. 工业技术经济,2009,28(1): 69-72.

[27] 刘继国,李江帆. 国外制造业服务化问题研究综述[J]. 经济学家,2007(3): 119-126.

[28] Mont O., Dalhammar C., Jacobsson N. A New Business Model for Baby Prams Based on Leasing and Product Remanufacturing [J]. Journal of Cleaner Production,2006,14(17): 1509-1518.

[29] 安筱鹏. 制造业服务化路线图[J]. 中国信息界,2010(5): 18-21.

[30] 武晓青,杨明顺,高新勤,巴黎. 服务型制造模式与运行框架研究[J]. 工业工程与管理,2011,16(2): 82-91.

[31] 刘建国. 制造业服务化转型模式与路径研究[J]. 技术经济与管理研究,2012(7): 121-123.

[32] 李洪磊,于洋. 制造业服务化环境中的供应链模式创新研究[J]. 物流工程与管理,2013,35(2): 81-82.

[33] 张青山, 逯晓宇, 徐伟. 制造业服务化转型: 挑战、路径与对策 [J]. 沈阳工业大学学报 (社会科学版), 2014, 7 (3): 239 – 244.

[34] 周大鹏. 制造业服务化演化机理及发展趋势研究 [J]. 商业研究, 2010 (1): 14 – 15.

[35] 高文群. 制造业服务化的动力机制和模式选择 [J]. 中共贵州省委党校学报, 2014 (1): 29 – 34.

[36] 冯泰文, 孙林岩. 制造与服务的融合: 服务型制造 [J]. 科学学研究, 2009, 27 (6): 838 – 845.

[37] 高建伟. 制造业服务化制造模式研究 [J]. 商业文化, 2012 (7): 226 – 228.

[38] 李晓亮. 制造业服务化的演化机理及其实现路径 [J]. 内蒙古社会科学 (汉文版), 2014, 35 (5): 114 – 117.

[39] 简兆权, 伍卓深. 制造业服务化的路径选择研究 [J]. 科学学与科学技术管理, 2011, 32 (12): 138 – 143.

[40] Zahir A., Takehiro I., Akira K. The Servitization of Manufacturing: An Empirical Case Study of IBM Corporation [J]. International Journal of Business Administration, 2013, 4 (2): 18 – 26.

[41] Opresnik D., Taisch M. The Value of Big Data in Servitization [J]. Int. J. Production Economics, 2015 (165): 174 – 184.

[42] 胡查平, 汪涛, 王辉. 制造业企业服务化绩效——战略一致性和社会技术能力的调节效应研究 [J]. 科学学研究, 2014, 32 (1): 84 – 91.

[43] 杨水利, 梁永康. 制造企业服务化转型影响因素扎根研究 [J]. 科技进步与对策, 2016, 33 (8): 101 – 105.

[44] De Brentani U. Innovative Versus Incremental New Business Services: Different Keys for Achieving Success [J]. Journal of Product Innovation Management, 2001, 18 (3): 169 – 187.

[45] Cooper R. G. , Kleinschmidt E. J. New Product Performance: What Distinguishes the Star Products [J]. Australian Journal of Management, 2000, 25 (1): 17 –45.

[46] Kelly D. , Storey C. New Service Development: Initiation Strategy [J]. International Journal of Service Industry Management, 2000, 11 (1): 45 –62.

[47] Kowalkowski C. , Witell L. , Gustafsson A. Any Way Gose: Identifying Value Constellations for Service Infusion in SMEs [J]. Industrial Marketing Management, 2013, 42 (1): 18 –30.

[48] Morlock F. , Meier H. Service Value Stream Mapping in Industrial Product-Service System Performance Management [J]. Procedia Cirp, 2015 (30): 457 –461.

[49] 陈洁雄. 制造业服务化与经营绩效的实证检验——基于中美上市公司的比较 [J]. 商业经济与管理, 2010, 222 (4): 33 –41.

[50] 李靖华, 马丽亚, 黄秋波. 我国制造企业"服务化困境"的实证分析 [J]. 科学学与科学技术管理, 2015, 36 (6): 36 –45.

[51] 蒋楠, 赵嵩正, 吴楠. 服务知识获取模式对服务创新绩效影响研究 [J]. 科技进步与对策, 2015, 32 (9): 67 –70.

[52] 黄群慧, 霍景东. 中国制造业服务化的现状和问题——国际比较视角 [J]. 学习与探索, 2013 (8): 90 –96.

[53] 汪应洛. 推进服务型制造：优化我国产业结构调整的战略思考 [J]. 西安交通大学学报（社会科学版），2010, 30 (2): 26 –31.

[54] 何哲, 孙林岩, 朱春燕. 服务型制造的产生和政府管制的作用——对山寨机产业发展的思考 [J]. 管理评论, 2011, 23 (1): 103 –113.

[55] 戚悦, 张晓艳. 推动中国制造业服务化进程财税政策不可或缺 [J]. 经济论坛, 2014 (10): 83 –85.

[56] 迈克尔·波特. 竞争优势 [M]. 北京: 华夏出版社, 1997.

[57] Kaplinsky R., Morris M., Readman J. The Globalisation of Product Markets and Immiserizing Growth: Lessons from the South African Furniture Industry [J]. World Development, 2002, 30 (7): 1159 – 1177.

[58] 余建行, 徐维祥, 楼杏丹. 微笑曲线和高技术产业发展 [J]. 经济问题探索, 2005 (9): 86 – 88.

[59] Kogut B. Designing Global Strategies: Comparative and Competitive Value-Added Chains [J]. Sloan Management Review, 1985, 26 (4): 15 – 28.

[60] Gereffi G. International Trade and Industrial Upgrading in the Apparel Commodity Chain [J]. Journal of International Economics [J], 1999 (1): 28 – 35.

[61] Fiedler F. E. A Contingency Model of Leadership Effectiveness [J]. Journal for Advances in Experimental Social Psychology, 1964, 1 (12): 149 – 190.

[62] Morton N. A., Hu Q. Implications of the Fit between Organizational Structure and ERP: A Structural Contingency Theory Perspective [J]. International Journal of Information Management, 2008, (28): 391 – 402.

[63] Tom Bruns, G. M. Stalker. The Organization of Innovation [J]. Knowledge Management and Organizational Design, 1996: 77 – 92.

[64] Ganescu M. C. Assessing Corporate Social Performance from a Contingency Theory Perspective [J]. Procedia Economics and Finance, 2012, (3): 99 – 1004.

[65] Battilana J., Casciaro T. Change Agents, Networks, and Institutions: A Contingency Theory of Organizational Change [J]. Academy of Management Journal, 2012, 55 (2): 381 – 398.

[66] Penrose E. G. The Theory of the Growth of the Firm [M]. New York: Wiley, 1959.

[67] Wernerfelt B. The Resource-Based View of the Firm: Ten Years after [J]. Strategic Management Journal, 1984, 16 (3): 171 – 174.

[68] Barney J. B. Strategic Factor Markets: Expectations, Luck, and Business [J]. Management Science, 1986, 32 (10): 1231 – 1242.

[69] Barney J. B. Firm Resources and Sustained Competitive Advantage [J]. Journal of Management, 1991, 17 (1): 99 – 121.

[70] Hamel G., Prahalad C. K. Competing for the Future [J]. Harvard Business Review, 1994, 72 (4): 122 – 129.

[71] Rumelt R. P. How Much Does Industry Matter [J]. Strategic Management Journal, 1991, 12 (3): 167 – 185.

[72] Zhao D. Z. MICK – 4FI and E-Construction-A New Project Management Model Based-on Network Environment for Construction Industry [C]. Proceeding of the First International Conference on Project Management of China, Vol. II. Beijing, 2002.

[73] 赵道致，蒋宁. 基于资源基础观的竞争优势形成研究 [J]. 中国地质大学学报（社会科学版），2007，7 (5): 67 – 70.

[74] 李亮宇，迟益宽. 互联网时代的拼凑战略创新：新资源基础观视角 [J]. 宜春学院学报，2016，38 (5): 43 – 51.

[75] 菲利普·科特勒. 营销管理：分析、计划、执行和控制（第9版）[M]. 梅汝和，梅清豪，张杵译. 上海：上海人民出版社，2003：341 – 342.

[76] 牛海鹏，屈云波. 服务优势与全面顾客服务系统规划 [M]. 北京：企业管理出版社，1998，3 – 4.

[77] 温万银. 顾客需求理论研究概述 [J]. 企业导报，2012，(5): 243 – 244.

[78] 李天，谢雪梅. 基于客户生命周期理论的移动数据业务客

户需求影响因素研究 [D]. 北京邮电大学, 2013.

[79] 王吉军, 岳同启, 张建明, 王健. 客户广义需求分类体系研究 [J]. 大连大学学报, 2002, 23 (6): 48-54.

[80] Hara T., Arai T. Encourage Non-Designer's Design: Continuous Value Creation in Manufacturing Products and Services [J]. CIRP Annals-Manufacturing Technology, 2012, 61 (1): 171-174.

[81] Cook M. B., Bhamra T. A., Lemon M. The Transfer and Application of Product Service System: From Academia to UK Manufacturing Firm [J]. Journal of Cleaner Production, 2006, 14 (17): 1455-1465.

[82] 周国华, 王岩岩. 服务型制造模式研究 [J]. 技术经济, 2009, 28 (2): 37-40.

[83] Berry L. L., Shankar V., Parish J. T., et al. Creating New Markets through Service Innovation [J]. Sloan Management Review, 2006, 47 (2): 56-63.

[84] Spring M., Araujo L. Beyond the Service Factory: Service Innovation in Manufacturing Supply Networks [J]. Industrial Marketing Management, 2013, 42 (1): 59-70.

[85] 高文军, 陈菊红. 考虑不可再造率的闭环供应链模糊契约设计 [J]. 华东经济管理, 2015, 29 (6): 109-112.

[86] Dotzel T., Shankar V., Berry L. L. Service innovativeness and firm value [J]. Journal of Marketing Research, 2013 (4): 259-276.

[87] 孙耀吾, 李丽波. 服务创新管理研究前沿与热点知识图谱分析 [J]. 科技进步与对策, 2015, 32 (23): 135-142.

[88] 约翰·梅纳德·凯恩斯. 就业、利息和货币通论 (第2版) [M]. 北京: 商务印书馆, 1983.

[89] 马颖. 关于政府干预理论的结构主义经济发展思路 [J]. 经济研究, 2005 (4): 2-9.

[90] 张海良. 产业升级与地方政府职能的发挥 [J]. 人民论坛,

2013 (33): 52-53.

[91] 孟祥芳,夏来保. 天津科技小巨人评价指标体系研究——基 BSC 和 AHP [J]. 科研管理, 2015, 36: 258-264.

[92] 盛运华,赵宏中. 绩效管理作用及绩效考核体系研究 [J]. 武汉理工大学学报, 2002, 24 (2): 92-94.

[93] 余维臻,李文杰,黄秋波. 制造企业服务创新过程中核心知识及量表开发研究 [J]. 科研管理, 2014, 35 (12): 145-152.

[94] Churchill J. R., Gilbert A. Paradigm for Developing Better Measures of Marking Constructs [J]. Journal of Marketing Research, 1979, 16 (2): 64-73.

[95] 刘运国,陈国菲. BSC 与 EVA 相结合的企业绩效评价研究——基于 GP 企业集团的案例分析 [J]. 会计研究, 2007, (9): 50-59.

[96] 周天吉,刘萍. 低碳经济下汽车制造业绩效评价指标设计 [J]. 管理方略, 2012, (3): 94-95.

[97] 姚常升,李锦飞. 平衡记分卡在国内制造企业绩效评价中的应用 [J]. 中国管理信息化, 2009, 12 (6): 82-83.

[98] 高文金,翁卫东. 基于平衡计分卡的离散型制造企业绩效体系 [J]. 石油机械, 2006, 34 (1): 80-82.

[99] Lee A. H. I., Chen W. C., Chang C. J. A Fuzzy AHP and BSC approach for Evaluating Performance of IT Department in the Manufacturing Industry in Taiwan [J]. Expert Systems with Applications, 2008, (34): 96-107.

[100] 王守文,徐顽强,颜鹏. 基于 AHP 的产业技术研究院绩效评价模型研究 [J]. 科技进步与对策, 2014: 1-6.

[101] Bentes A. V., Carneiro J., Silva J. F. D., et al. Multidimensional Assessment of Organizational Performance: Integrating BSC and AHP [J]. Journal of Business Research, 2012, 65 (12): 1790-1799.

[102] 吴明隆. 结构方程模型: AMOS 的操作与应用 (第 2 版). [M]. 重庆: 重庆大学出版社, 2010.

[103] 王韬, 丁杰, 张进华. 企业战略绩效评价系统实证研究——基于结构方程模型 [J]. 经济问题, 2010, (4): 65-67.

[104] 王江, 曾铁生, 谷金媛, 洪志燕. 基于 BSC 和 SEM 的 ERP 绩效评价研究 [J]. 科技管理研究, 2008, (11): 151-153.

[105] Bikfalvi A., Lay G., Maloca S., et al. Servitization and Networking: Large-Scale Survey Findings on Product-related Services [J]. Service Business, 2012, 7 (1): 61-82.

[106] 陈菊红, 李小惠, 姚树俊, 等. 制造企业服务嵌入时机及策略研究 [J]. 科技进步与对策, 2015, 32 (2): 104-109.

[107] 周名丁, 胡查平. 制造企业服务化: 驱动力、利益与挑战研究的述评 [J]. 贵州社会科学, 2016 (6): 129-136.

[108] Spring M. Service Supply Chains: Introducing the Special Topic Forum [J]. Journal of Supply Chain Management, 2012, 49 (48): 3-7.

[109] 张蔚虹, 陈英武, 史会斌. 装备制造业服务化协作网络类型与特征分析 [J]. 科技进步与对策, 2015, 32 (12): 55-60.

[110] 罗建强, 彭永涛, 张银萍. 面向服务型制造的制造企业服务创新模式研究 [J]. 当代财经, 2014 (12): 67-76.

[111] Turunen T., Finne M. The Organisational Environment's Impact on the Servitization of Manufacturers [J]. European Management Journal, 2014, 32 (4): 603-615.

[112] 黄群慧, 霍景东. 全球制造业服务化水平及其影响因素——基于国际投入产出数据的实证分析 [J]. 经济管理, 2014, 36 (1): 1-11.

[113] Neely A. Exploring the Financial Consequences of the Servitization of Manufacturing [J]. Operations Management Research, 2008, 1

(2): 103-118.

[114] 康遥, 陈菊红, 同世隆, 姚树俊. 服务化战略与服务绩效——价值共创调节效应 [J]. 软科学, 2016, 30 (3): 103-107.

[115] 张雅琪, 陈菊红, 李兆磊. 基于匹配和调节一致性分析的制造企业服务化战略与组织结构关系研究. 软科学, 2015, 29 (5): 32-36.

[116] 姜铸, 张永超, 刘妍. 制造企业组织柔性与企业绩效关系研究——以服务化程度为中介变量. 科技进步与对策, 2014, 31 (14): 80-84.

[117] Gebauer H., Fleish E., Friedli T. Overcoming the Service Paradox in Manufacturing Companies [J]. Eur. Manage. J., 2005, 23 (1): 14-26.

[118] 赵振. "互联网+"下制造企业服务化悖论的平台化解决思路 [J]. 科技进步与对策, 2016, 33 (3): 76-83.

[119] Reim W., Parida V., et al. Producte-Service Systems (PSS) Business Models and Tactics—a Systematic Literature Review [J]. Journal of Cleaner Production, 2015 (97): 61-75.

[120] 许晖. 制造企业服务创新能力构建机制与演化路径研究 [J]. 科学学研究, 2016, 34 (2): 298-311.

[121] 赵益维, 陈菊红, 周延杰, 姚树俊. IT能力对制造企业服务创新绩效的作用路径研究 [J]. 统计与信息论坛, 2015, 30 (7): 101-106.

[122] Huang L. T. The Influences of Network Embeddedness and Information Technology Capability on Service Innovation Performance: Evidence from Business Groups [D]. National Taiwan University of Science and Technology, 2013.

[123] 陈知然, 于丽英. 服务化理论最新研究进展 [J]. 商业经济与管理, 2014, 274 (8): 57-63.

[124] Fhillips F., Tuladhar S. D. Measuring Organizational Flexibility: An Exploration and General Model [J]. Technological Forecasting and Social Change, 2000, (64): 23-38.

[125] Dacin M. T., Eliver C., Roy J. P. The Legitimacy of Strategic Alliances: An Institutional Perspective [J]. Strategic Management Journal, 2007, 28 (2): 169-187.

[126] Zahra S. A., George G. Absorptive Capacity: A Review, Reconceptualization, and Extension [J]. Academy of Management Review, 2002, 27 (2): 185-203.

[127] Kale P., Singh H., Perlmutter H. Learning and Protection of Proprietary Assets in Strategic Alliances: Building Relational Capital [J]. Strategic Management Journal, 2000, 21 (3): 217-237.

[128] 邓荣霖, 吴欣, 郑平. 组织文化、组织结构与绩效: 中国企业的实证研究 [J]. 商业研究, 2006, (22): 24-28.

[129] 黄亮, 张建琦. 企业环境不确定性对中小民营企业家战略执行能力的影响 [J]. 江西财经大学学报, 2012, (2): 35-41.

[130] Valmohammadi C., Roshanzamir S. The Guidelines of Improvement: Relations among Organizational Culture, TQM and Performance [J]. Int. J. Production Economics, 2015, (164): 167-178.

[131] Miron E., Erez M., Naveh E. Do Personal Characteristics and Cultural Values that Promote Innovation, Quality, and Efficiency Compete or Complement Each Other? [J]. Journal of Organizational Behavior, 2004, (25): 175-199.

[132] Naranjo-Valencia J. C., Jiménez-Jiménez D., Sanz-Valle R. Studying the Links between Organizational Culture, Innovation, and Performance in Spanish Companies [J]. Revista Latinoamericana de Psicología, 2016, (48): 30-41.

[133] 张旭, 武春友. 组织文化与公司绩效关系的实证研究 [J].

南开管理评论, 2006, 9 (3): 50-54.

[134] 杨晶照, 杨东涛, 孙倩景. 组织文化类型对员工创新行为的作用机理研究 [J]. 科研管理, 2012, 33 (9): 123-129.

[135] 沈灏, 谢恩. 技术客户导向、组织文化与企业绩效: 基于组织关注的视角 [J]. 科技管理研究, 2014, (16): 115-121.

[136] Nahm A. Y., Vonderembse M. A., Koufteros X. A. The Impact of Organizational Culture on Time-based Manufacturing and Performance [J]. Decision Sciences, 2004, 35 (4): 579-606.

[137] 朱慧明, 吴宣明. 基于战略一致的企业战略风险与收益关系研究 [J]. 湖南大学学报 (社会科学版), 2012, 26 (4): 61-66.

[138] 张荣琳, 霍国庆. 企业战略风险的类型、成因与对策分析 [J]. 中国软科学, 2007, (6): 50-57.

[139] 刘景东, 党兴华, 杨敏利. 组织柔性、信息能力和创新方式——基于中国工业企业的实证分析 [J]. 科学学与科学技术管理, 2013, 34 (3): 69-79.

[140] Snyder H., Witell L., Gustafsson A., et al. Identifying Categories of Service Innovation: A Review and Synthesis of the Literature [J]. Journal of Business Research, 2016, (69): 2401-2408.

[141] Chen S. C., Raab C., Tanford S. Antecedents of Mandatory Customer Participation in Service Encounters: An Empirical Study [J]. International Journal of Hospitality Management, 2015, (46): 65-75.

[142] Ostrom A. L., Bitner M. J., Brown S. W., et al. Moving forward and Making a Difference: Research Priorities for the Science of Service [J]. Journal of Service Research, 2010, 18 (2): 127-159.

[143] 蒋楠, 赵嵩正, 吴楠. 服务型制造业客户参与、知识创造与服务创新绩效的关系研究 [J]. 生产力研究, 2015, (2): 119-122.

[144] 和征, 陈菊红. 客户参与制造企业服务创新的激励博弈分析 [J]. 计算机工程与应用, 2014.

[145] 高文军, 靳彦平, 陈菊红. 基于客户需求的制造企业服务创新模型与策略研究 [J]. 科技进步与对策, 2016, 33 (9): 67-71.

[146] 姜铸, 李宁. 服务创新、制造业服务化对企业绩效的影响 [J]. 科研管理, 2015, 36 (5): 29-37.

[147] 许晖, 张海军, 王琳. 价值驱动视角下制造企业服务创新能力的构建机制——基于艾默生网络能源（中国）的案例研究 [J]. 管理案例研究与评论, 2014, 7 (4): 269-282.

[148] 陈国平, 张鑫. 服务创新能力对创新绩效的影响——组织创新氛围的调节作用 [J]. 科技进步与对策, 2016, 33 (6): 26-32.

[149] 曲婉, 穆荣平, 李铭禄. 基于服务创新的制造企业服务转型影响因素研究 [J]. 科研管理, 2012, 33 (10): 64-71.

[150] 胡查平. 制造企业集成提供物属性对制造企业服务提供与客户企业价值感知间关系的调节作用 [J]. 技术经济, 2013, 32 (10): 127-132.

[151] Chen C. F., Tsai M. H. Perceived Value, Satisfaction, and Loyalty of TV Travel Product Shopping: Involvement as a Moderator [J]. Tourism Management, 2008, 29 (6): 1166-1171.

[152] Chen J. K. C., Batchuluun A., Batnasan J. Services Innovation Impact to Customer Satisfaction and Customer Value Enhancement in Airport [J]. Technology in Society, 2015, (43): 219-230.

[153] Arslanagic-Kalajdzic M., Zabkar V. The External Effect of Marketing Accountability in Business Relationships: Exploring the Role of Customer Perceived Value [J]. Industrial Marketing Management, 2015, (46): 83-97.

[154] 姜铸, 张永超. 差异性服务化战略下制造企业创新能力的评价 [J]. 科技管理研究, 2015 (1): 60-69.

[155] 麻丽, 朱雪珍. 企业履行社会责任与企业财务绩效关系的实证研究——基于结构方程模型的分析 [D]. 苏州大学, 2014.

[156] 李成彦. 组织文化对组织效能影响的实证研究 [D]. 华东师范大学, 2005.

[157] 彭英, 杨照, 侯金伶. 复杂组织适应性影响因素研究: 以中国电信企业为例 [J]. 统计观察, 2011, (1): 87-90.

[158] 葛建新. 市场机制与政府干预——对我国实行产业政策的几点思考 [J]. 中央财经大学学报, 2002 (5): 62-67.

[159] 高文军, 陈菊红. 闭环供应链活动战略对绩效影响研究 [J]. 科技管理研究, 2010, 30 (9): 118-120, 123.

[160] 胥军, 杨超. 我国现代制造服务业的形成机理与发展对策 [J]. 中国行政管理, 2010 (12): 81-84.

[161] 陈永广. 发达国家推动制造业服务化的经验及启示 [J]. 中国工业评论, 2015 (11): 40-45.

后　　记

　　本书是在山西省高等学校人文社会科学重点研究基地项目（编号：2014326）：山西省制造业转型升级路径研究结题报告的基础上进一步整理而成的。

　　在本书付梓之际，首先，我要感谢山西省教育厅为本项目的研究提供经费支持、开题把关和结题验收服务。其次，要感谢那些为问卷调查提供方便的企业及相关人员，尤其要感谢永济电机天作电气有限责任公司冯建岭先生对永济制造企业调研的大力协助，感谢山西长林能源科技有限公司副董事长李彩慧和山西省立恒钢铁有效公司财务处处长接受实地调研访谈，感谢曲沃县地税局第一所所长"相李建杰"与张育玮两位先生对曲沃县太子滩工业园区调研的大力支持，没有他们的支持，本项目研究将难以展开。接着，要感谢山西师范大学原副校长薛耀文教授及经济与管理学院郭根龙教授为我们搭建了"山西省高等学校人文社会科学重点研究基地：山西师范大学产业转型与升级研究中心"这样一个良好的科研平台。然后，感谢我的两个研究生靳彦平和陈静同学。两位同学在调查问卷的设计、调查，尤其是调查信息的量化、数据的录入和后期的整理分析中做了大量卓有成效的工作。其中靳彦平同学重点协助完成了基于AHP的制造企业服务化绩效评价指标权重的计算和服务化绩效影响因素的识别；陈静同学则重点协助完成了基于结构方程二阶因子分析的服务化绩效评价指标权重的计算和服务化绩效影响机理概念模型的构建与修正。最后，也要

后　　记

感谢冯颖桢、葛慧娟、蔚智芳和郭慧姗四位研究生，感谢她们对书稿认真细致的校对。

此外，我要感谢我的妻子！在课题研究期间，我的爱人无怨地成为家庭的支柱，她在完成工作之余，承担了全部家务和孩子上学教育的重任，为我创造了良好的工作环境，并为我提供了无私的精神支持。感谢我的父亲母亲和岳父岳母多年来对我的默默支持与关爱；还要感谢所有给予我帮助和支持的人们。

高文军

2017年10月于临汾